Frauen

Herausgegeben und eingeleitet von
Sigrid und Horst Klaus Berg

Kösel/Calwer

Biblische Texte verfremdet Band 6
Herausgegeben und eingeleitet von Sigrid und Horst Klaus Berg

CIP-Kurztitelaufnahme der Deutschen Bibliothek

Frauen / hrsg. u. eingel. von Sigrid u. Horst
Klaus Berg. – München : Kösel ; Stuttgart :
Calwer Verlag, 1987.
(Biblische Texte verfremdet ; Bd. 6)
ISBN 3-466-36371-3 (Kösel)
ISBN 3-7668-0828-1 (Calwer Verl.)
NE: Berg, Sigrid [Hrsg.]

© 1987 by Kösel-Verlag GmbH & Co., München
und Calwer Verlag, Stuttgart.
Printed in Germany. Alle Rechte vorbehalten.
Satz: Kösel, Kempten. Druck und Bindung: Röck, Weinsberg.
Umschlag: Günther Oberhauser, unter Verwendung des Bildes
»Meditation«, 1918, von Alexej Jawlensky.
© 1987, Copyright by COSMOPRESS, Genf.
ISBN 3-466-36371-3 (Kösel)
ISBN 3-7668-0828-1 (Calwer)

INHALT

EINFÜHRUNG

Verfremdungen biblischer Texte setzen sich zum Ziel, biblische Überlieferung wieder frag-würdig zu machen; denn sie ist durch Gewöhnung und erstarrte einseitige Sichtweisen oft so selbstverständlich geworden, daß wir sie kaum noch in ihrer aufregenden Fremdheit und provozierenden Andersartigkeit wahrnehmen.

Drei Schritte zum Verstehen

Eine neue Sichtweise ist beim Thema dieses Bandes besonders dringlich. Die Bilder der biblischen Frauengestalten sind nämlich im Laufe der Geschichte bis in die Gegenwart hinein vielfältig und gründlich überlagert und verzeichnet worden. Wir müssen darum zunächst in einem *1. Schritt* in den folgenden Überlegungen diese Überlagerungen sichtbar machen. Sodann prüfen wir in einem *2. Schritt,* welche Grundlinien und Umrisse der Frauengestalten wir in der Bibel selbst entdecken können. – Schließlich untersuchen wir, mit welchen Absichten und Methoden sich heute Schriftsteller und Künstler verfremdend mit diesen Texten auseinandersetzen *(3. Schritt).* Dies werden wir an Beispielen aus diesem Band erläutern. (Eine ausführliche Darstellung der Grundsätze und Verfahren bietet Band 1 dieser Reihe an. Er enthält außerdem Vorschläge und Modelle zum Einsatz von Bibelverfremdungen in Religionsunterricht und Gemeindearbeit sowie Anleitungen zu eigenen Verfremdungsversuchen.)
Vorab gehen wir noch kurz auf die Frage ein: Wie kommt eigentlich eine Verfremdung zustande? Wir können dabei grundsätzlich zwei Wege unterscheiden: Einmal entstehen Texte im geplanten Gegenüber zu einer bestimmten Bibelstelle oder einem größeren Überlieferungszusammenhang; als Beispiele aus diesem Band können wir die Texte 6.4 bis 6.6 und andere notieren. Der andere Weg ist, daß im nachhinein zur biblischen Vorlage passende Texte und Bilder gesucht werden, die die Quelle erweitern, vertiefen, ihr widersprechen

usw. Hier wäre als Beispiele 6.25 oder 6.53 zu nennen. Kriterium ist in beiden Fällen nicht, ob eine Verfremdung das biblische Gegenstück textgetreu wiedergibt, sondern ob deren Stoßrichtung aufgenommen wurde; das kann im Einzelfall durchaus bedeuten, daß der neue Text der biblischen Quelle radikal widerspricht – dann nämlich, wenn deren Aussage durch Abnutzung so selbstverständlich geworden ist, daß sie uns nicht mehr als Botschaft erreicht; als Beispiele notieren wir 6.10 oder 6.31.

In diesem Band wird die Korrespondenz zwischen Bibeltext und Verfremdung nicht immer auf den ersten Blick einleuchten. Das hängt damit zusammen, daß sich viele heutige Texte und Bilder zu den Frauen nicht auf eine einzige biblische Erzählung beziehen, sondern daran interessiert sind, einen wichtigen Zug, eine interessante Perspektive an einer überlieferten Person so aufscheinen zu lassen, daß sie wieder frag-würdig und damit überhaupt als heute wichtiger Gesprächspartner sichtbar wird.

Im Blick auf die Auswahl und Wiedergabe der Bibeltexte müssen wir oft darauf verzichten, alle Texte heranzuziehen, die für das Verständnis der gewählten Person wichtig wären; wir konzentrieren uns in der Regel auf eine zentrale Erzählung.

1. Schritt: Wie nehmen wir heute die biblische Überlieferung wahr?

Biblische Frauengestalten sind schon immer als Vorbilder für Mädchen und Frauen herangezogen worden, um bestimmte erwünschte Verhaltensweisen zu legitimieren und erzieherisch zu begründen. Teils wurden diese Frauen als Vorbilder herangezogen, teils zur Warnung vor einem Leben, das Gott ganz und gar nicht gefallen konnte.

Die Auswahl war nicht besonders groß: Eva – Ruth – Maria – Maria Magdalena – Martha . . . Wir begnügen uns mit wenigen Hinweisen und Notizen, die jede(r) leicht aus eigener Anschauung und Erfahrung auffüllen kann:

Eva galt (gilt) als Inbegriff der Sünde, die im „Begehren" besteht: Sie ist das Einfallstor der bösen Lust in die Welt; sie läßt sich von der „Begierde" verführen und wird ihrerseits zur Verführerin des Mannes. Sie dient als Warnung vor ungezügelter Sexualität (nebenbei gesagt: ... nicht nur für gegenwärtig lebende Mädchen, sondern ebenso nachhaltig – wenn nicht mehr – zur Warnung der Jungen!).

Ihr zur Seite tritt *Maria Magdalena,* die „große Sünderin" aus dem Neuen Testament; sie soll aber nicht nur vor den verderblichen Folgen sexueller Sünde warnen, sondern auch zeigen, daß Jesus vergibt, wenn er aufrichtige Reue erkennt.

Nun die „positiven" Gestalten:

Allen voran natürlich *Maria,* die Mutter des Herrn. Sie ist das Urbild der Reinheit und des Glaubens. Allerdings ist sie als Himmelskönigin wohl schon so abgehoben, daß die Vorbild-Funktion zugunsten der Verehrung zurücktritt. Beispiel: In einem Marien-Lied heißt es:

Sei gegrüßt,
o Königin,
Mutter der Barmherzigkeit,
unser Leben,
unsere Wonne
und unsere Hoffnung,
sei gegrüßt!
Zu dir rufen wir
verbannte Kinder Evas (!);
zu dir seufzen wir
trauernd und weinend
in diesem Tal der Tränen.

Aus dem Neuen Testament ist es vor allem die Gestalt der *Maria von Bethanien,* die das Frauenbild der traditionellen christlichen Erziehung stark geprägt hat. Sie ist diejenige, die dem Heiland zu Füßen sitzt, demütig und ergeben, ganz auf das stille Hören des Wortes konzentriert. Sie hat nach der Überlieferung des Lukas-Evangeliums „das bessere Teil gewählt" – im Vergleich zu ihrer geschäftigen Schwester *Martha.* – Da aber auch die Tüchtigkeit zu den erwünschten „christlichen" Eigenschaften gehört, kommt es schließlich zu einer wunder- und tugendsamen Verschmelzung der beiden Schwestern:

Die rechte Pfarrersfrau ist die
Martha und zugleich Marie

heißt es in einer gereimten Pastoraltheologie.

Die Reihe läßt sich fortsetzen. Es ist leicht zu sehen, daß die

Frauenpersonen des Alten und Neuen Testaments zu Un-Personen geworden sind, zu Typen exemplarisch »guten« oder »bösen« Lebens erstarrt, nach den Bedürfnissen der Benutzer zurechtgemacht.

Wie ist es zu dieser Erstarrung und Verzerrung gekommen? Welche Interessen waren dabei leitend?

Oft werden die Antworten auf diese Fragen unter dem Stichwort »Patriarchat« zusammengefaßt. Der Begriff umgreift alle Bestrebungen, ethische Werte, soziale Ordnungen und personale Beziehungen einseitig einer männlichen Sichtweise unterzuordnen. Der frühere Generalsekretär des ökumenischen Rats, Philipp Potter, hat die Auswirkungen einer solchen Sichtweise einmal sehr treffsicher mit dem Begriff des Dualismus charakterisiert; im Patriarchat geht es um eine

– Zweiteilung in Leib und Seele, wobei der Mann für sich den geistigen Bereich in Anspruch nimmt und der Frau die – minder bewertete – Leiblichkeit überläßt;

– Zweiteilung in privates und öffentliches Leben, wobei der Mann selbstverständlich im öffentlichen Leben steht und der Frau den Platz im privaten Raum der Familie zuweist;

– Zweiteilung in Demut und Macht . . . die Rollenverteilung liegt auf der Hand.

Nach Elisabeth Moltmann-Wendel erreicht uns die ursprüngliche biblische Überlieferung nur noch durch einen dreifachen Filter:

– *Patriarchale Redaktion:* Die biblischen Schriften entstanden in einer Kultur, die ganz und gar patriarchalisch geprägt ist. Auf allen Stufen der Überlieferung und Redaktion ist damit zu rechnen, daß sie von Männern geprägt wurden. Das wirkt sich einerseits so aus, daß die Lebensverhältnisse wie selbstverständlich aus männlicher Sicht geschildert werden: Im Dekalog wird die Frau eben gemeinsam mit Ochs und Esel unter dem beweglichen Eigentum des Mannes aufgeführt. – Andererseits ist aber auch durchaus damit zu rechnen, daß gerade im Blick auf die biblischen Frauengestalten bewußte Eingriffe in den Überlieferungsprozeß vorgenommen wurden.

– *Patriarchale Rezeption:* Spätestens seit der „konstantinischen Wende" im 4. Jahrhundert, die der Kirche die Teilhabe an weltlicher Macht ermöglichte, haben wir mit einer androzentrischen (männerzentrierten) Weitergabe und Vermittlung der biblischen Schriften zu rechnen. Vor allem die biblischen Frauen wurden jetzt in die Männerwelt eingepaßt. – Diejenigen, die nicht so recht in dies patriarchale Schema passen wollten, wurden zunehmend ignoriert, in der Vergangenheit vergraben.

– *Patriarchale Auslegung und Übersetzung:* Auch heute noch ist die gängige Praxis der Bibelauslegung, Übersetzung und Vermittlung ganz einseitig androzentrisch ausgerichtet; unsere anerzogenen Wahrnehmungsgewohnheiten lassen uns die biblische Überlieferung aus dieser Sicht aufscheinen.

Es wundert nicht, wenn gerade die biblischen Frauen – besser gesagt, ihre in einer schlechten Wirkungsgeschichte hergestellten Karikaturen – heftigen Protest bei denen hervorgerufen haben, die heute dafür eintreten, daß Frauen die Chance erkennen und wahrnehmen, „ein eigener Mensch" zu werden – wie Elisabeth Moltmann-Wendel einmal formulierte. Nun könnten sie es ja bei der Feststellung bewenden lassen, daß die schlechte Rezeption diese biblischen Gestalten eben so entstellt habe, daß wir kaum noch einen Zugang finden. Aber damit wollen sich viele nicht zufriedengeben, sondern sind daran interessiert, biblische Frauen wieder als verlockende und hinreißende Beispiele gelungenen Menschseins wiederzuentdecken, die sie ihrer Überzeugung nach sein könnten. Mit diesen Perspektiven gehen wir nun an die biblische Überlieferung heran.

2. Schritt: Die Botschaft der biblischen Texte

Im Rahmen dieser kurzen Einführung ist es weder möglich noch sinnvoll, eine größere Zahl biblischer Frauen zu besprechen. Wir werden einige Personen herausgreifen.

Dabei können wir die Texte nicht einfach nach ihrer Aussage und Botschaft befragen; die Hinweise auf die dreifache patriarchale Filterung haben ja deutlich gezeigt, daß die in der Überlieferung versteckten Frauengeschichten zunächst einmal wieder ans Licht gebracht werden müssen. Auslegungsarbeit gleicht hier dem Geschäft des Archäologen.

Als erstes Beispiel wählen wir *Maria Magdalena*. Sie wurde zur

„großen Sünderin" stilisiert, indem man kurzerhand zwei biblische Überlieferungen miteinander verband, die nichts miteinander zu tun haben: In Lk 8 berichtet der Evangelist, daß Jesus eine geistig kranke Maria aus der Stadt Magdala geheilt habe; später wurde sie dann zu seiner Vertrauten und gilt als erste Apostolin. Mit dieser Überlieferung wurde dann die Geschichte von der Prostituierten verknüpft, die als ungebetener Gast bei einem Fest Jesus die Füße salbt (Lk 7). Das wurde begünstigt durch die andere Fassung der Salbungsgeschichte bei Johannes (Joh 12), in der Maria von Bethanien Jesus salbt. Aus dieser Erzählung stammt wohl die Bezeichnung der unbekannten Frau in Lk 7 als Maria – und der Weg zur „großen Sünderin" Maria Magdalena war frei. Die „Ausgrabungsarbeit" besteht also in diesem Fall darin, die falschen Kombinationen, die in der geschichtlichen Rezeption vorgenommen wurden, aufzuklären und aufzuheben.

Zweites Beispiel: *Mirjam*. Ursprünglich waren es wohl drei Anführer, die Israel auf dem Weg in die Freiheit vorangingen: Mose – Aaron – Mirjam (vgl. Micha 6,4). Im Laufe der Zeit aber rückte der Mann Mose ganz ins Zentrum: Ihm allein wurden Offenbarungsempfang und Führungsmacht zugesprochen, Mirjam geriet als ihm untergeordnete Schwester in die Position einer Randexistenz. Und als sie sich gegen Mose aufzulehnen wagt, wird sie von Gott gestraft (Num 12,1–16). Hier muß die Exegese Reste verschütteter Überlieferungen aufspüren und versuchen, daraus wieder Umrisse einer Mirjamgestalt zu rekonstruieren – so wie der Archäologe aus den gefundenen Scherben die Vase wieder zusammensetzt.

So kann die historische Analyse dazu beitragen, die biblischen Frauenpersonen von den patriarchalen Überlagerungen zu befreien, ihnen ihre verlorene Ehre wiederzugeben.

Aber damit ist es noch nicht getan. Wenn sie als Identifikationsfiguren für heute gelingendes Frausein und Menschsein überzeugen sollen, müssen sie mehr als Personen Leben gewinnen, damit unsere Geschichte sich anlagern kann. Das aber kann die historische Analyse nicht mehr leisten. Damit sind wir bei einem weiteren Arbeitsschritt angelangt.

3. Schritt: Wie gehen Verfremdungen auf diesen Befund ein?

Viele der in diesem Band zusammengetragenen Texte und Bilder suchen einen neuen Zugang zu den biblischen Frauengestalten vom Standort einer feministisch orientierten Bibelinterpretation; daraus ergibt sich ein dreifaches Interesse:
– Die großen Gestalten der Bibel als Identifikationsfiguren wiedergewinnen;
– an den Partnerinnen der großen Männergestalten eine neue Sicht der Glaubensgeschichte erarbeiten;
– an realen oder fiktiven Frauen-Geschichten die Vielgestaltigkeit und Ganzheitlichkeit des Glaubens erkennen und aktivieren.
Hieraus könnten entscheidende Impulse für Erkenntnis und Würdigung der Fähigkeiten entstehen, die Gott den Frauen gegeben hat:
– Frauen können zur treibenden Kraft für Veränderungen werden, weil sie den Leidensdruck Benachteiligter verspüren;
– Frauen können Verantwortung übernehmen und führen, ohne aggressiv Macht durchzusetzen;
– Frauen können Perspektiven und Kräfte ganzheitlichen Lebens und Glaubens einbringen.
Jetzt zeigt sich auch, daß es einer so ansetzenden Bibelauslegung nicht darum geht, die bisher leitenden Prinzipien einfach auszutauschen – dabei käme am Ende nichts anderes heraus als ein Patriarchalismus mit anderen Vorzeichen, wie Moltmann-Wendel bemerkt. Auch für die Männer öffnet sich die Chance, bisher unter androzentrischen Verkrustungen verschüttete geistig-seelische Kräfte wieder zu entdecken und zu befreien.
Welche Methoden eigenen sich, um diese in der biblischen Überlieferung aufgehobenen Lebenschancen zu finden?
– Die biblischen Erzählungen von Frauen nicht als „heilige Texte", sondern profan lesen als „Alltagstexte", die ganzheitlich zu erschließen sind; d. h. sie nach Eigenschaften, Verhaltensweisen, Handlungsmotiven, Gefühlen, körperlichen Empfindungen und Bewegungen der dargestellten Personen fragen;
– die „ungeschriebene Geschichte" der biblischen Frauen erzählen, d. h. die Reste verschütteter Traditionen „ausgraben" und aus ihnen wieder Persönlichkeiten formen;
– Religionsgeschichte, Kunst und Kultur nach verschütteten Frauentraditionen absuchen und sie neu ins Spiel bringen;

– patriarchale Bilder der Bibel in weibliche umwandeln: Vater in Mutter, Sohn in Tochter, Geist in Geistin . . .;

– den Mut aufbringen, deutlich frauenfeindliche Stellen abzulehnen;

– die biblischen Geschichten in neuer Perspektive mit neuen Formen so erzählen, daß wir mit ihnen ins Gespräch kommen. Es bietet sich vor allem die Form des Dialogs an: Mit den Frauen sprechen, Gefühle ihnen gegenüber äußern, ihnen widersprechen, sich mit ihnen verbünden.

Alle diese Methoden dürfen nun nicht als unverbindlich-spielerisches Experimentieren mit Texten bewertet werden; sie treten in der feministischen Bibelauslegung gleichberechtigt neben die herkömmlichen Verfahren der historischen Exegese.

Es zeigt sich, daß wir schon längst in die Texte und Bilder dieses Bandes hineingeraten sind. Die von den Autoren und Künstlern gewählten Methoden wollen wir abschließend noch an einigen Stichproben verdeutlichen.

Die Verfremdung bedient sich vor allem sprachlicher Mittel, um Texte in ein neues Licht zu stellen. Das ist ein erster notwendiger Schritt, um verhärtete Wahrnehmungsgewohnheiten aufzubrechen. Einige dieser Mittel lassen sich bei den Beispielen dieses Bandes besonders gut beobachten.

Neue Sprachformen heben die übergroße Vertrautheit auf

Eine viel gebrauchte Methode ist die Veränderung des Umfangs. Wenn beispielsweise die biblischen Erzählungen auf wenige Zeilen verdichtet werden, ist die Aufmerksamkeit des Lesers gleich geweckt (Beispiele: 6.4; 6.5; 6.6; 6.11; 6.27). Oder ein kurzer Text entfaltet sich in eine ausgreifende Reflexion bzw. eine ausgeführte Geschichte (Beispiele: 6.1; 6.12; 6.17; 6.32). Häufig wählen die Autoren dieses Bandes das Mittel des Dialogs; er bietet dem Leser an, sich mit den Personen und dem Geschehen zu identifizieren (Beispiele: 6.3; 6.8; 6.13; 6.15; 6.24).

Nicht einfach ist der Zugang zur Gestalt der *Maria:* Zu übermächtig ist ihr Bild in der Frömmigkeit, zu vielfältig der Strom der Traditionen. Wir haben uns auf ein einziges Beispiel beschränkt (6.14): Dem gewohnten Bild der entrückten Himmelkönigin tritt kontrastierend das biblische Zeugnis gegenüber, das die Züge einer Frau festhielt,

die auch Schwierigkeiten hat, mit der Rolle der Mutter Jesu zurecht-
zukommen (vgl. dazu auch die Beispiele 2.7 bis 2.10 in Band 2).
Eine ganz eigene Sprache der Verfremdung hat die bildende Kunst.
Eine ernstzunehmende Auseinandersetzung mit einem biblischen
Inhalt will ja nicht ein vorgegebenes Thema illustrieren oder veran-
schaulichen, sondern sucht die eigenständige Perspektive. So er-
scheint beispielsweise in Max Beckmanns Darstellung der Erzählung von der Ehebrecherin (6.8) der scharfe Widerspruch zwischen
Liebe und Haß so zwingend, daß der Betrachter sich dem Blick auf
das eigene Verhalten kaum entziehen kann.

Neue Perspektiven heben die Gewöhnung auf

Die wichtigste Veränderung ist der Wechsel der Erzählperson, vor
allem, wenn in der Ich-Form erzählt wird (Beispiele: 6.12; 6.15); die
biblischen Gestalten erwachen zu Personen mit Fleisch und Blut,
und der Leser wird intensiv einbezogen. – Interessante Veränderungen der Perspektive ergeben sich auch im Blick auf Texte aus der
Dritten Welt (Beispiele: 6.9; 6.19).

Aufdecken des revolutionären Gehalts gibt der Botschaft ihre Dynamik zurück

Die Texte und Bilder kommen nicht mit dem Gewicht politischer
Programmatik daher, dennoch enthalten sie genug revolutionäre
Dynamik:
– Die „Gebeugte" zeigt, daß die Erfahrung der Gesundung nicht nur
ein körperlicher Vorgang ist, sondern die befreiende Absage an
bisher erzwungenes Rollen-Verhalten einschließt, auch wenn dies
mit Schmerzen verbunden ist (6.24–6.26).
– Die kämpferische Mirjam wirft die Frage nach dem gleichberech-
tigten Führungsanspruch der Frauen in Kirche und Gesellschaft
heute auf.
– Das Bekenntnis, daß Gott „in frauen für frieden jetzt aufsteht"
(6.27), stellt die gewohnt patriarchale Sicht von Bibel, Offenbarung
und Glauben radikal in Frage . . .: Treibkraft genug für heute nötige
und mögliche Veränderungen.

Wir sind am Ende unseres Ganges durch die Thematik dieses Bandes. Überraschend neue und beunruhigende Ansichten sind in den Texten und Bildern ans Licht gekommen. Bemerkenswert ist auch der Verzicht auf starre Festschreibungen: Sie zeichnen nicht „das neue Bild der biblischen Frau", sondern gehen behutsam, intuitiv tastend mit den Texten um; eine besonders adäquate Form dieser Auslegung sind darum auch die Variationen (6.18; 6.24; 6.32): Die Wahrheit der Texte erschließt sich nicht dem rechthaberischen Zugriff, sondern dem einfühlenden Nacherleben, dem offenen Dialog, dem entdeckungsbereiten Experimentieren. Das macht wohl die Faszination dieser weiblichen Zugänge zu den biblischen Frauen aus.

Für die Thematik dieses Bandes sind zwei Bücher von Elisabeth Moltmann-Wendel besonders ergiebig, die auch in der Einführung benutzt wurden: Ein eigener Mensch werden. Frauen um Jesus (GTB Siebenstern 1006) und: Das Land, wo Milch und Honig fließt. Perspektiven einer feministischen Theologie (GTB Siebenstern 486).

¹Die Schlange aber war listiger als alle Tiere des Feldes, die Gott der Herr gemacht hatte, und sie sprach zum Weibe: Gott hat wohl gar gesagt: „Ihr dürft von keinem Baume des Gartens essen!" ²Da sprach das Weib zur Schlange: Wir dürfen essen von den Früchten der Bäume im Garten: ³nur von den Früchten des Baumes mitten im Garten hat Gott gesagt: „Esset nicht davon; rühret sie auch nicht an, daß ihr nicht sterbet!" ⁴Da sprach die Schlange zum Weibe: Mitnichten werdet ihr sterben; ⁵sondern Gott weiß, daß, sobald ihr davon esset, euch die Augen aufgehen werden und ihr wie Gott sein und wissen werdet, was gut und böse ist. ⁶Und das Weib sah, daß von dem Baume gut zu essen wäre und daß er lieblich anzusehen sei und begehrenswert, weil er klug machte, und sie nahm von seiner Frucht und aß und gab auch ihrem Manne neben ihr, und er aß. ⁷Da gingen den beiden die Augen auf, und sie wurden gewahr, daß sie nackt waren: und sie hefteten Feigenblätter zusammen und machten sich Schurze.

⁹. . . Und Gott der Herr rief dem Menschen und sprach zu ihm: Wo bist du? . . .

¹⁶Und zum Weibe sprach er: Ich will dir viel Beschwerden machen in deiner Schwangerschaft; mit Schmerzen sollst du Kinder gebären! Nach deinem Manne wirst du verlangen; er aber soll dein Herr sein! ¹⁷Und zum Menschen sprach er: Weil du auf deines Weibes Stimme gehört und von dem Baume gegessen hast, von dem ich dir gebot: du sollst nicht davon essen, so ist um deinetwillen der Erdboden verflucht. Mit Mühsal sollst du dich von ihm nähren dein Leben lang.

Genesis 3,1–7,9,16–17

6.1 Adam und Eva

Als Adam und Eva gezwungen wurden, das Paradies zu verlassen, ging es ihnen gewiß lange Zeit ziemlich schlecht. Wie man hört, waren die Tiere draußen unfreundlich, der Boden steinig und das Klima rauh. Adam und Eva hatten nichts gelernt als faulenzen, und die Arbeit fiel ihnen schwer. Kaum daß sie, wie man zu sagen pflegt, auf einen grünen Zweig gekommen waren, geschah das Unglück mit den beiden ältesten Söhnen, die sie schlecht erzogen hatten, so daß der selbstgefällige Abel nun unter dem Rasen lag, während der gewalttätige Kain irgendwo herumirrte und die Eltern sehen konnten, wie sie zurechtkamen ohne den Gärtner Abel und den Jäger Kain. Aber dann wuchsen ihnen neue Kinder heran und immer wieder neue, wenigstens stelle ich mir das so vor, und auch daß Adam und Eva ziemlich alt wurden, ehe sie zu altern begannen. Um diese Zeit hatten sie gewiß längst ein Haus, und Eva ging nicht mehr in Schürzchen aus Palmblättern umher. Obwohl beide an den Garten Eden nur noch eine schwache Erinnerung hatten, ahmten sie doch nach, was sie einmal dort gesehen hatten, indem sie einen Brunnen gruben, der dem Wasser des Lebens glich, einen Garten pflanzten und einige Tiere zähmten, die sich auf dem umfriedeten Grundstück friedlich, wie die Tiere des Paradieses, benahmen. Dies alles war ganz unvollkommen, aber es machte Freude, daran zu arbeiten und abends umherzugehen und darüber nachzudenken, was sich noch tun ließ. Es machte so viel Freude, daß sie mit der Zeit ganz zufrieden wurden und Adam sich manchmal selbst ein bißchen so fühlte, als sei er der liebe Gott.

Es war darum eine große Erschütterung für ihn, als er eines Tages erfuhr, daß er sterben müßte. Nicht, daß er darüber eine bestimmte Nachricht erhalten hätte. Er sah nur eines Abends ein Tier seiner Herde tot umfallen, und da er sich selbst diesem großen starken Leittier oft verglichen hatte, kam ihm mit einemmal der Gedanke, daß er in dieser Beziehung nicht mehr und nichts Besseres sei als ein Tier. Als er zu dieser Erkenntnis gekommen war, wurde er sich verschiedener Mängel bewußt, die er vorher nicht gekannt hatte, einer Schwäche der Augen, einer Unsicherheit der Hände, einer Trübung des Gehörs. Das ist der Tod, dachte er entsetzt, als an diesem Abend ein zerbrechlicher Gegenstand seiner Hand entglitt.

Was hast du denn, fragte Eva, weil er wie versteinert dastand, während sie die Scherben zusammenlas.

Diese Frage, was hast du denn, stellte Eva noch einige Male in der folgenden Zeit. Denn Adam begann sich in der Tat wunderlich zu benehmen. Es fing damit an, daß er nicht mehr schlief in der Nacht. Er wälzte sich bald auf die eine, bald auf die andere Seite oder lag auch still auf dem Rücken und starrte zur Decke hinauf. Er konnte nicht schlafen, weil er zuviel denken mußte, aber die Gedanken, die ihn wachhielten, waren keineswegs erhabene, an den Tod oder an Gott, vielmehr drehten sie sich mit gräßlicher Beharrlichkeit um kleine häusliche Mißstände, einen Fehler in der Bewässerungsanlage, eine schadhafte Stelle im Dach. Wenn die Nacht vorüber war und alle im Hause sich wieder an ihre Arbeit begaben, überfiel ihn dann eine schreckliche Müdigkeit, und es kam vor, daß er sich gleich nach dem Frühstück wieder hinlegen mußte und eine ganze Weile liegen blieb. Das war ihm selbst verwunderlich, aber noch viel erstaunlicher war die Empfindlichkeit, die er gegenüber den verschiedensten Geräuschen an den Tag zu legen begann. Das Bellen der Hunde machte ihn rasend, noch mehr das Kreischen der Papageien und das alberne Geschrei der Affen, die in den Bäumen hinter dem Hause spielten und von denen er sich bald einbildete, daß sie ihn verfolgten und nur zu seinem Ärger ihren törichten Lärm vollführten. Die Kinder, und zwar noch mehr die halberwachsenen als die kleinen, erregten seinen Unmut auf Schritt und Tritt. Es fiel ihm plötzlich auf, daß sie gewisse idiotische Redewendungen ständig wiederholten und daß sie, ohne die geringste Rücksicht auf ihn zu nehmen, mit schallender Stimme ihre aufreizend stupiden Lieder sangen.

Schließlich bin ich der Vater, dachte er, und ein Mann, der einiges geleistet hat und dem es lange Zeit schlechtgegangen ist, ein Mann, der Anspruch darauf erheben kann, daß man ihn respektiert. Solche Gedanken waren neu, und neu war auch der Wunsch, der ihn jetzt von Zeit zu Zeit überkam, der Wunsch nämlich, sich zu entfernen aus einer Umgebung, in der man ihn so wenig achtete und seinen Worten so wenig Aufmerksamkeit zollte. Er ging ein paarmal fort in der Nacht, bald in dieser, bald in jener Richtung, und schließlich ertappte er sich dabei, daß er bei diesen Spaziergängen etwas ganz Bestimmtes suchte: nämlich die Mauer des Gartens Eden, auf die er im Anfang, also vor vielen Jahrzehnten, herumwandernd, noch manchmal gestoßen war, und auf der im roten Abendhimmel die Engelwachen gestanden hatten, sehr schön, mit ihren Wolkenflügeln aus schimmerndem Grau. Aber diese Mauer war nicht mehr da, und er hörte auch bald auf, sie zu suchen. Statt allein fortzugehen, machte er immer öfter die Runde durch sein Anwesen, betrachtete alles, was er gemacht hatte, und fand es schlecht genug. Er beobachtete auch seine Kinder und fand sie faul und leichtsinnig, unfähig, das Werk weiterzuführen, das er begonnen hatte, und das zu vollenden ihm nicht Zeit genug blieb. Und dann versuchte er, über dies alles mit Eva zu sprechen, aber Eva lachte nur, und er war von ihrer Gleichgültigkeit aufs tiefste gekränkt.

In der folgenden Zeit fand er immer mehr Ursache, mit seiner Frau unzufrieden zu sein. Denn wenn Eva auch im Anfang seiner Verdüsterung recht lieb und freundlich gewesen war und sich bemüht hatte, ihm ein wenig Ruhe zu verschaffen, so schien sie doch von Tag zu Tag weniger um ihn besorgt zu sein. Ihre Laune war ausgezeichnet, ihr Appetit vorzüglich, und obwohl sie nicht jünger war als Adam selbst, schlief sie, ohne auch nur ein einziges Mal aufzuwachen, die ganze Nacht. Wenn er sich über den Lärm beschwerte, machte sie ein erstauntes Gesicht, wenn er über das Wetter klagte, sagte sie, es wird schon wieder besser werden, und mit dieser Redewendung, die ihm leichtfertig und frech erschien, schob sie seine Leiden und Ängste, das einzige, das er noch hatte, in das Reich lächerlicher Grillen, denen niemand Aufmerksamkeit schuldig ist. Es fehlte nicht viel, daß sie gesagt hätte, ach sei doch still, wenigstens meinte Adam dies herauszuhören und auch einen kleinen Ärger über seine Mutlosigkeit, und dieses Unverständnis kränkte ihn tief. Natürlich konnte er trotzdem nicht schweigen, da ja das Sagenmüssen wie Rauch zum Feuer zu diesem inneren Brande gehört. Also sprach er weiter, sprach mit einer Stimme, die ihm selbst verhaßt war, weil sie so nörglerisch und griesgrämig klang. Er beklagte sich über die Sonne und den Regen, über das Unkraut und die Schädlinge und die Kinder, und Eva sagte in der ersten Zeit noch ein paarmal, das ist doch nicht so arg, und dann sagte sie gar nichts mehr, und er hatte den Verdacht, sie höre ihm überhaupt nicht mehr zu.

Das ist gewiß schlimm für einen Mann, der eingesehen hat, daß sein Leben nicht ewig währt und der angesichts dieser Tatsache an dem Wert alles Geleisteten zu zweifeln beginnt. Es war schlimm für Adam, der jetzt umherging und alles, was er gemacht hatte, gering achtete und der aus seinen früheren Leiden einen glühenden Anspruch zog. Aber es erwies sich, daß dies noch längst nicht das Ärgste war. Denn das Ärgste ist nicht die Gleichgültigkeit, sondern der Verrat. Man muß bedenken, daß Adam, der so vieles kannte, so etwas in seinem Leben nie erfahren hatte. Er war der einzige Mann, der für Eva in Frage kam, da es neben ihm nur Söhne und Enkel gab. Zwar war er früher, wenn Eva allein fortging und lange ausblieb, manchmal ein wenig unruhig geworden. Aber Eva war, wenn sie zurückkam, immer besonders strahlend und liebevoll gewesen, immer hatte sie etwas Besonderes mitgebracht, ja es schien ihm jetzt, als habe er in seinem ganzen Leben nichts als Liebe und Freundlichkeit von ihr erfahren. Aber in dem Augenblick, in dem er sich seines Glückes bewußt wurde, war es mit diesem Glück auch schon vorbei. Denn wenn er bisher niemals in Evas Augen einen verräterischen Glanz gesehen hatte, wenn Eva sich niemals von ihm abgewendet hatte, um ihr Ohr einer anderen Stimme zu leihen: Jetzt erfuhr er dies alles, alle Qualen der Eifersucht, nur daß kein Liebhaber, sondern ein Phantom sein Nebenbuhler war, kein Mann, mit dem er hätte kämpfen können, sondern das Traumbild der Jugend und des Lebens schlechthin.

Denn er sah es wohl, der Jugend und dem Leben neigte sich Eva zu. Mit einemmal gewahrte er sie auf der Seite der Kinder, ach, nicht mit Worten, aber mit mancher geheimen Zärtlichkeit, manchem vertraulich wiedergutmachenden Blick. Als Adam den ersten dieser Blicke auffing, zuckte er zusammen wie unter einem Schlag. Von da an wurde er mißtrauisch, horchte und schlich im Hause umher. Einmal, als er sich Eva gegenüber über die stechende Sonne beklagte, bemerkte er, wie sie ihr Gesicht und ihre Arme dieser Sonne entgegenhob, als sei gerade das, was ihn quälte, ihr eine Quelle der Lust. Durch solche Beobachtungen wuchs das Gefühl der Verlassenheit in ihm immer mehr. Er erinnerte sich der Zeiten, in denen Eva und er noch allein gewesen waren, und wie sie da, furchtbar allein und aufeinander angewiesen, sich geschworen hatten, einander niemals zu verlassen. Jetzt war Eva noch immer an seiner Seite, sie war nicht fortgegangen, aber es kam ihm vor, als entferne sie sich dennoch, ein wenig weiter mit jedem Tag.

In seinem schrecklichen Mißtrauen zeichnete Adam jede Station dieser Entfernung getreulich auf. Er glaubte zu bemerken, wie bei seinen Worten eine leise Ungeduld über Evas Züge glitt. Wenn er ein längeres Ausbleiben ankündigte, meinte er, auf ihren Lippen ein Lächeln der Erleichterung zu sehen, und wenn er dann fortging, bildete er sich ein, daß ihre Stimme, die er aus der Ferne noch hörte, froher und heiterer klang. Einmal, als sie bei der Abendmahlzeit saßen, faßte er sie ins Auge und stellte fest, daß ihre Haut schlaff wurde und ihre Haare sich zu verfärben begannen. Er bemerkte auch, daß sie Schmerzen in den Gliedern hatte und sich nicht mehr so frei und anmutig bewegte wie vorher. Sie ist nicht jünger als ich, dachte er, aber sie tut, als habe sie unbegrenzte Zeit vor sich, ewige Zeit. Und dann dachte er plötzlich, sie weiß nichts, sie weiß *es* nicht, und er war über ihre Dummheit empört. Nach dem Essen ging Eva noch auf den Hof hinaus, um das Spielzeug der kleinen Kinder zusammenzusuchen. Adam ging ihr nach und blieb bei ihr stehen und sah sie flehend an. Werde mit mir alt, wollte er sagen, werde mit mir alt. Aber natürlich brachte er diese Worte nicht über die Lippen, sondern begann sich statt dessen über die Mücken zu beklagen, in einem wilden und verzweifelten Ton. Was du nur immer hast, sagte Eva, und sah ihn kopfschüttelnd an.

In dieser Nacht beschloß Adam, Eva zu sagen, daß sie sterben müsse. Vielleicht hätte er es nicht getan, wenn nicht der Mondschein so hell im Zimmer und gerade auf Evas Gesicht gelegen hätte und wenn dieses Gesicht nicht so voll von Lebensentzücken gelächelt hätte im Schlaf. Aber dieser Anblick rief in Adam, der schon viele Stunden schlaflos gewesen war, eine dunkle Rachsucht hervor. Er weckte Eva auf, und Eva rieb sich die Augen und fragte, ob etwas mit den Kindern sei. Wir müssen sterben, sagte Adam, und es war ihm zumute, als beginge er einen Mord. Große Neuigkeit, sagte Eva spöttisch. Das weiß ich schon lang. Hast du dir keine Gedanken gemacht, fragte Adam, sobald er sich von seiner Überraschung erholt hatte. Was wir hier zurücklassen, ist unfertig und keinen Pfifferling wert.

Jemand wird es schon fertig machen, sagte Eva.

Die Kinder, sagte Adam streng, sind träge und leichtsinnig. Sie wissen nicht, was arbeiten heißt, und werden elend zugrunde gehen.

Es wird schon noch etwas aus ihnen werden, sagte Eva. Und was wird aus uns, fragte Adam und stützte seinen Kopf auf die Hand.

Wir bleiben zusammen, sagte Eva. Wir gehen zurück in den Garten.

Und sie legte ihre Arme um Adams Hals und sah ihn liebevoll an.

Ist er denn noch da? fragte Adam erstaunt.

Gewiß, sagte Eva.

Wie willst du das wissen, fragte Adam mürrisch.

Woher meinst du, fragte Eva, daß ich die Reben hatte, die ich dir gegeben habe, und woher meinst du, daß ich die Zwiebel der Feuerlilie hatte, und woher meinst du, hatte ich den schönen, funkelnden Stein?

Woher hattest du das alles? fragte Adam.

Die Engel, sagte Eva, haben es mir über die Mauer geworfen. Wenn wir kommen, rufe ich die Engel, und dann öffnen sie mir das Tor.

Adam schüttelte langsam den Kopf, weil eine ferne und dunkle Erinnerung ihn überkam. Gerade dir, sagte er. Aber dann fing er an zu lachen, laut und herzlich, zum ersten Mal seit ach wie langer Zeit.

Marie Luise Kaschnitz

6.2

der kopf verfolgt
das herz

die schlange
das schleichende
schöne
auf dem bauch
kriechende
schillernde
schleichende
logische
kluge
schöne
das schleichende
die schlange
das schöne böse

die frau
wird dir
den kopf
zertreten
den kopf

zertreten
den kopf
den kopf
den kopf

die frau
wird der
schlange
dem schleichenden
auf dem bauch
kriechenden
schönen
schillernden
schleichenden
schönen bösen
logischen
klugen
den kopf
den kopf
den kopf
zertreten

die frau
judit
die frau
ester
die frau
maria

der kopf
hat übergewicht
bekommen
der kopf
hat die erde
verlassen
der kopf
wurde
zum wasserkopf
der logik

die frau
muß
den kopf
zertreten
den kopf
abschlagen
judit
dem holofernes
die frau
letzte rettung
die frau
wird
muß
soll
den kopf
zertreten

den kopf
den kopf
den kopf
abschlagen

und

die schlange
das schleichende
schöne
logische
männliche
schillernde
kluge
logische
auf dem bauch
kriechende
die schlange
wird der frau
nachstellen
die giftige
schöne
schillernde
kluge
schlange
der kopf
der kopf
wird dem herzen
nachstellen
das herz
und der kopf
liegen im streit
seit eh und je

Wilhelm Willms

6.3 Freispruch für Eva

Eva, Frau in der Frühe der Zeit,
so schön und so gut bist du, daß Adam dich
anschaut und liebt, du freust dich unbefangen
an deiner und seiner Liebe, Geschenke von Gott,
und die Schlange, Heilkraft der Göttin
verkörpernd, wohnt neben eurem Lager

Eva, Mutter aller Lebendigen,
ich sehe dich nicht mehr mit den Augen
verwundeter Männer, mit Augen, geblendet
von Machtsucht und Stolz

Eva, ich bin deine Tochter und Schwester,
begabt mit Brüsten und Schoß, beschenkt mit
Seele und Geist, durchströmt von Sehnsucht und
Liebe, erfüllt von Staunen und Hoffen,
verschwistert mit allem, was lebt

Eva, du hast nicht den Tod zu den Menschen
gebracht, Mutter aller Lebendigen,
nicht die Schuld vererbst du an uns, du
schenkst die Kraft und Bereitschaft weiter,
ganz für das Leben zu sein

Eva, ich spreche dich frei,
ich weise den Rufmord zurück, der Ehre und
Freiheit dir abschnitt im Dienste männlicher
Herrschlust dich zum Freiwild erklärte und
zur stimmlosen Magd bis zum heutigen Tag.
Zur Ganzheit sind wir geboren als Töchter
Gottes

Christa Peikert-Flaspöhler

³ Und als er in Bethanien im Hause Simons des Aussätzigen war, kam, während er bei Tische saß, eine Frau mit einer Alabasterflasche voll echter, teurer Nardensalbe; sie zerbrach die Alabasterflasche und goß sie ihm über das Haupt. ⁴ Da murrten etliche bei sich selbst: Wozu ist diese Vergeudung der Salbe geschehen? ⁵ Man hätte diese Salbe ja für mehr als dreihundert Denare verkaufen und (den Erlös) den Armen geben können. Und sie fuhren sie an. ⁶ Jesus aber sprach: Lasset sie! Was betrübt ihr sie? Sie hat eine schöne Tat an mir getan. ⁷ Die Armen habt ihr ja allezeit bei euch, und sooft ihr wollt, könnt ihr ihnen wohltun; mich aber habt ihr nicht allezeit. ⁸ Was sie vermochte, hat sie getan; sie hat im voraus meinen Leib zum Begräbnis gesalbt. ⁹ Und wahrlich, ich sage euch: Wo immer in der ganzen Welt das Evangelium gepredigt wird, da wird auch das, was sie getan hat, zu ihrem Gedächtnis erzählt werden.

Markus 14,3–9

6.4 Alles

Alles was sie hat
wertvolles duftendes Lavendelöl
gibt eine Frau wortlos
Die Gäste verschwenden aufgebracht
dreihundert gesalbte Schlagwörter
Das ist alles
Jesus sagt
Diese Frau tat alles
was sie konnte

Kurt Wolff

6.5 salbung in bethanien

auch das noch –

mit crème de beauté
von einem emphatischen
mädchen gesalbt

und so

wie ein gigolo duftend
im tanzgriff
von madame la mort –

doch er lächelt und dankt

Kurt Marti

6.6

jesus
ich stelle mir vor
du hast maria magdalena
die schön war und
nach blüten duftete
geliebt

als du sie umarmtest
war ihre hingabe
so groß
wie deine göttliche liebe

ich stelle mir vor
diese nacht
außerhalb der geschichte
die alle moral überwand

erlöse uns
jesus
von den christlichen sünden
mache uns frei

Ernst Eggimann

² Am Morgen jedoch fand er sich wieder im Tempel ein (und alles Volk kam zu ihm, und er setzte sich und lehrte sie). ³ Da bringen die Schriftgelehrten und die Pharisäer eine Frau, die beim Ehebruch ergriffen worden war, stellen sie in die Mitte ⁴ und sagen zu ihm: Meister, diese Frau ist auf frischer Tat beim Ehebruch ergriffen worden. ⁵ Im Gesetz aber hat (uns) Mose geboten, solche zu steinigen. Was sagst nun du? (⁶ Das sagten sie aber, um ihn zu versuchen, damit sie ihn anklagen könnten.) Da bückte sich Jesus nieder und schrieb mit dem Finger auf die Erde. ⁷ Als sie (ihn) aber beharrlich weiterfragten, richtete er sich auf und sprach (zu ihnen): Wer unter euch ohne Sünde ist, werfe den ersten Stein auf sie! ⁸ Und er bückte sich wiederum nieder und schrieb auf die Erde. ⁹ Sie aber gingen, als sie es hörten, einer nach dem andern hinaus, die Ältesten voran, und er blieb allein zurück mit der Frau, die in der Mitte war. ¹⁰ Da richtete sich Jesus auf und sprach zu ihr: Weib, wo sind sie? Hat dich niemand verurteilt? ¹¹ Sie aber sagte: Niemand, Herr! Darauf sprach Jesus: Auch ich verurteile dich nicht; geh, sündige von jetzt an nicht mehr!

Joh 8,2–11

6.7

Zeichen im Sand.
Mit dem Finger geschrieben.

Bedenkzeit.

Du brauchst keinen Stein mehr zu werfen.

Franz Fassbind

Max Beckmann: Christus und die Sünderin (1917)

6.9

Olivia: – Jesus wollte ihnen sagen, daß es größere Sünden gebe als einen Ehebruch. Daß es andere gebe, die das Volk unterdrückten und die darum doch nicht gesteinigt werden. Auch heute wird eine Frau, die sich mit einem anderen einläßt, von allen verurteilt, wobei niemand sieht, daß all die Unterdrückung und Ungerechtigkeit, die überall herrscht, viel schlimmer ist. Darum gibt Jesus sich hier, als sie ihm diese Frau vorführen, zerstreut, so als ob er der ganzen Sache nicht so viel Wichtigkeit beimesse.

William: – Wir müssen auch beachten, daß Jesus für die Gleichheit zwischen Mann und Frau war. Das ist heute hochaktuell, wo überall von der Befreiung der Frau gesprochen wird. . . . Es kann sein, daß Jesus all die Ehebrüche dieser Männer, die jetzt diese Frau verurteilen, in den Sand schrieb. Wenn die Steinigung die normale Strafe für eine Ehebrecherin war – warum sollte es dann nicht die gleiche Strafe für die Ehebrecher geben?

Teresita, Williams Frau: – Ich bin fast sicher, daß alle diese Männer, die hier die Frau verurteilten, selbst Ehebrecher waren.

Oscar: – Die Unterdrückung, die damals herrschte, war wirklich unglaublich, nicht? Und dazu gehörte auch, daß die Frau so gut wie nichts war. Wenn eine Frau mit einem anderen schlief, dann war das ein Verbrechen, aber wenn die Männer das gleiche taten, kümmerte sich kein Mensch darum.

Olivia: – Diese Männerherrschaft damals war wirklich sehr schlimm, aber heute ist es nicht viel besser. Zu einem Ehebruch gehören schließlich zwei, aber den dazugehörigen Mann klagt damals wie heute kein Mensch an. – Ja, wo war eigentlich der Mann, mit dem sie geschlafen hatte? . . .

Ein junger Maler aus Managua, Roger Pérez, sagt: – Der Fall dieser Frau ist für uns in Lateinamerika besonders lehrreich. Es ist wirklich nötig, daß wir diese Lehre der Toleranz und Verzeihung und Liebe endlich verstehen. Der Ehebruch einer Frau ist nicht anders als der Ehebruch eines Mannes. Hier in Lateinamerika folgen wir einer Tradition, die dieser Lehre völlig entgegengesetzt ist und die aus unserer jahrhundertealten Männerherrschaft resultiert. Auch wir verurteilen eine Ehebrecherin zum Tode. Es gibt Sätze, die wir alle im Munde führen: „Wenn sie mir das antut, dann bringe ich sie um, diese Hure." Das ist weder christlich noch revolutionär.

Aus: Das Evangelium der Bauern von Solentiname

6.10 Die Ehebrecherin

Da brachten die Schriftgelehrten und Pharisäer eine Frau herbei, die beim Ehebruch ertappt worden war, und sagten zu ihm:
Kein rechtlich Denkender wird dieses Fehlverhalten entschuldigen. Mose hat im Gesetz vorgeschrieben, daß eine solche Frau gesteinigt werden muß. Was sagst du dazu?
Alle Leute, die sich um ihn versammelt hatten, dachten: Wenn er die Frau verteidigt, stellt er sich gegen Gesetz und Recht. Wenn er sie aber verurteilt, beweist er, daß er für die Schwächen der Menschen kein Verständnis hat. Er gab lange keine Antwort und sagte dann zu ihnen: Wer von euch noch nie gesündigt hat, der werfe als erster einen Stein auf sie.
Als sie das hörten, gingen alle nacheinander fort. Einer blieb jedoch zurück und sagte:
Meister, machst du dir die Sache nicht zu einfach? Du scheinst von der Voraussetzung auszugehen, der Ehebruch dieser Frau sei eine einmalige Entgleisung. Aber du solltest einmal hören, was man in jener Stadt, wo diese Frau aufgewachsen ist, über sie redet. Sie führt nun einmal ein liederliches Leben. Niemand weiß zu sagen, von welchem ihrer Liebhaber das Kind stammt, das sie jetzt bei sich hat. Wenn du mehr über diese Frau erfahren willst, hier ist das Material, das ich sorgfältig geordnet und einer Illustrierten zur Veröffentlichung angeboten habe.
Als der Meister noch immer in den Sand schrieb und schwieg, fuhr der Mann fort:
Auch ich habe Verständnis für das Versagen eines Menschen, aber du gehst zu weit. Wie soll die Achtung vor den Geboten Gottes bestehen bleiben, wenn sie ungestraft übertreten werden dürfen? Man muß jede Form von Schein demaskieren. Die Öffentlichkeit hat ein Anrecht darauf, die volle Wahrheit zu erfahren. Es geht mir nicht darum, irgend jemand bloßzustellen. Aber wer die Leute vor den Lastern warnen will, kommt nun einmal nicht umhin, diese Laster darzustellen, auch wenn er damit viele Menschen schockiert.
Da wandte Jesus sich der Frau zu und sagte:
Wer Steine wirft, ist deshalb nicht ohne Sünde.
Und zu dem Mann gewandt sagte er:
Hättest du die Frau gesteinigt, hättest du etwas weniger Schlimmes getan.

Walter Rupp

[1]Und Josua, der Sohn Nuns, sandte von Sittim heimlich zwei Männer als Kundschafter und sprach: Geht hin, beseht euch das Land und Jericho. Da gingen sie hin und kamen in das Haus einer Dirne namens Rahab und legten sich daselbst schlafen. [2]Es ward aber dem König von Jericho gesagt: Siehe heute nacht sind Männer von den Israeliten hier hereingekommen, das Land auszukundschaften. [3]Da sandte der König von Jericho zu Rahab und ließ ihr sagen: Gib die Männer heraus, die zu dir ins Haus gekommen sind; denn sie sind gekommen, das ganze Land auszukundschaften. [4]Das Weib aber nahm die zwei Männer und versteckte sie; dann sprach sie: Gewiß, die Männer sind zu mir gekommen, aber ich wußte nicht, woher sie waren, [5]und als man eben das Tor schließen wollte, da es finster wurde, gingen die Männer hinaus; ich weiß nicht, wohin sie gegangen sind. Jaget ihnen eilends nach, so werdet ihr sie einholen. [6]Sie hatte sie aber auf das Dach geführt und unter die Flachsstengel versteckt, die sie auf dem Dache hingestellt hatte. [7]Die Leute jedoch jagten ihnen nach auf dem Wege zum Jordan bis an die Furten, und man schloß das Tor, als die Verfolger draußen waren.

[8]Jene aber hatten sich noch nicht schlafen gelegt, da stieg sie zu ihnen auf das Dach hinauf [9]und sprach zu ihnen: Ich weiß, daß euch der Herr das Land gegeben hat; denn ein Schrecken vor euch hat uns befallen, und alle Bewohner des Landes sind vor euch verzagt . . .

[12]Und nun schwöret mir auch bei dem Herrn, daß, wie ich euch Barmherzigkeit bewiesen habe, auch ihr an meines Vaters Hause Barmherzigkeit beweisen wollt, und gebt mir ein sicheres Zeichen, [13]daß ihr meinen Vater, meine Mutter, meine Brüder und meine Schwestern und all die Ihrigen am Leben lassen und uns vom Tode erretten wollt. [14]Da sprachen die Männer zu ihr: Mit unserem Leben bürgen wir für euch, sofern ihr unsere Sache da nicht verratet; und wenn der Herr uns das Land gibt, so wollen wir Barmherzigkeit und Treue an dir üben, [15]Da ließ sie dieselben an einem Seil durch das Fenster hinab; denn ihr Haus war an die Stadtmauer ange-

baut, und sie wohnte an der Mauer. ¹⁶ *Und sie sprach zu ihnen: Gehet ins Gebirge, daß die Verfolger euch nicht treffen, und verberget euch daselbst drei Tage lang, bis die Verfolger zurück sind; darnach mögt ihr eures Weges gehen.* ¹⁷ *Und die Männer sprachen zu ihr: Wir wollen dieses Eides ledig werden, den du uns hast schwören lassen:* ¹⁸ *Siehe, wenn wir in das Land kommen, sollst du diese Schnur von rotem Faden an das Fenster knüpfen, durch das du uns herabgelassen hast, und deinen Vater, deine Mutter, deine Brüder und deines Vaters ganzes Haus zu dir hineinnehmen.* ¹⁹ *Und wer dann zur Tür deines Hauses hinausgeht auf die Straße, dessen Blut komme über sein Haupt, und wir sind frei von Schuld; wenn aber an irgend jemand, der bei dir im Hause ist, Hand gelegt wird, so komme sein Blut über unser Haupt . . .*
. . .
²⁰ *Als nun das Volk den Schall der Posaunen hörte und laut das Feldgeschrei erhob, stürzte die Mauer in sich zusammen, und das Volk erstieg die Stadt, ein jeder gerade vor sich hin. So nahmen sie die Stadt ein.* ²¹ *Und sie vollstreckten den Bann an allem, was in der Stadt war, mit der Schärfe des Schwertes, an Mann und Weib, an jung und alt, an Rind, Schaf und Esel.* ²² *Zu den beiden Männern aber, die das Land ausgekundschaftet hatten, sprach Josua: Gehet in das Haus der Dirne und führet das Weib mit allen ihren Angehörigen von dort heraus, wie ihr es ihr geschworen habt.*

Josua 2,1–9, 12–19; 6,20–22

6.11

Eine Buhlerin namens Rahab
Mit ihrer Familie und allen Verwandten
Wurde vom Schwert verschont.

Weil sie den Kundschaftern Gutes getan.

Auf mancherlei Weise bleibt
Der lebendige Gott in
Unserer Mitte.

Franz Fassbind

6.12 Landesverrat oder Rettung?

Rachab bedenkt ihr Leben

Ich bin Rachab. Das heißt „Die Geräumige", die mit dem weiten Herzen. Der Name paßt gut zu mir. Ich wohne in der Palmenstadt Jericho. Wohnte, müßte ich besser sagen, denn Jericho, die wunderbare uralte Stadt – eine der ältesten der Welt –, sie wurde zerstört und alle ihre Einwohner umgebracht. Ich allein durfte meine Familie mitnehmen und wohne nun draußen bei den Siegern, noch immer im Zelt. Wir versuchen, langsam hier ein neues Haus zu bauen.
Manchmal, wenn ich die Trümmer von Jericho betrachte, frage ich mich: Hätte dies verhindert werden können? Hätte *ich* mehr tun können oder müssen?
Doch ich will erst einmal meine Geschichte erzählen.
Die „Hure" Rachab werde ich im Buch der Bücher genannt, also ganz gewiß keine „Mutter" in Israel. Doch: „Hure" ist eine verächtliche Bezeichnung aus späterer Zeit für meinen Beruf und für viele Frauen meiner Zeit. Ich, die Geräumige, die Frau mit dem weiten

Herzen, war eine Priesterin der Ascherah, der Göttin unserer Stadt. Ascherah ist die Göttin der Fruchtbarkeit – zu ihrem Dienst gehört auch, mit vielen Männern zu schlafen, die Fruchtbarkeit von Menschen zu wecken. Ich selbst durfte keine eigenen Kinder haben – als Stellvertreterin der Göttin eine unmögliche Vorstellung! Dennoch war ich vielleicht eine „Mutter" des Landes, indem ich die Männer lehrte, zärtlich und liebevoll mit Frauen umzugehen, Liebe und Fruchtbarkeit zu wollen.

Fruchtbar war unser Land in jeder Beziehung, eine gesegnete Oase. Palmdatteln, Feigen, Trauben, Oliven und Weizen wuchsen in solcher Fülle, daß wir im Überfluß ernten konnten.

Manchmal dachte ich, wir lebten falsch, lebten verschwenderisch und bauten feste Mauern um uns herum, um unseren Reichtum zu schützen vor den Beduinen ringsum im Land. Wir wollten ihre zerfurchten Gesichter, die Kinder mit den dicken Bäuchen und den dünnen Beinchen nicht bei uns sehen. Im Traum sah ich Unheil, sah finstere Augen, hörte das Weinen von Frauen, deren Kinder hungerten.

Ich ging zum König. Sprach davon, wie sinnlos und teuer die ständig neugebauten Lagerräume seien, in denen der Weizen von vor drei Jahren faulte und das Öl ranzig wurde. Und wie gefährlich anziehend unser Reichtum uns machte für die Beduinen ringsum. Der König ließ neue Speicher errichten und die Stadtmauer erhöhen – mich ließ er heimlich beobachten. So wußten seine Leute auch schnell, daß Abgesandte der Israeliten zu mir gekommen waren. Ja, ich sage es offen, für mein Volk wurde ich eine Verräterin, ich verhandelte mit dem Feind. Dabei hatte ich mit Politik eigentlich so wenig im Sinn. Viel lieber öffnete ich mein Haus, aß und trank und lachte mit vielen Menschen. Doch das drohende Unglück zwang mich, „politisch" zu werden, Verhandlungen zu führen. Hätte ich es nicht tun sollen? Die Israeliten in den Zelten, jenseits der Berge, sie wollten unser Land. Ich wußte es von Männern aus unserer Stadt, die dort gewesen waren. Ich hoffte dagegen, es könnte zu einem Abkommen zwischen ihnen und uns kommen. Viele Leute in der Stadt hatten Angst vor den gefräßigen Heuschrecken da draußen. Das Volk sah, wir würden uns nicht retten können. Aber die Regierung, der König und seine Beamten, sie waren halsstarrig, vertrauten auf ihre festen Mauern und ihre gehorteten Reichtümer.

Die beiden Männer von Israel wollten die Stimmung in der Stadt erfahren – wir führten ein langes Gespräch darüber. Ich versuchte ihnen zu sagen, daß das Volk die Meinung der Regierung nicht teilte, daß es Angst habe, gleichzeitig aber aufgehetzt sei gegen den Feind draußen.

Ich wollte Leben erhalten, doch ich sah, die Sieger würden kein Erbarmen zeigen. Trotzdem hoffte ich, wider allen Augenschein.

Die Späher des Königs hatten von diesem Besuch erfahren, sie schlugen an die Tür des Hauses und verlangten die Herausgabe der Fremden.

Ich versteckte sie rasch auf dem Dachboden, unter meinen Flachsvorräten. Als Liebesdienerin der Göttin habe ich die Aufgabe, Schleier aus feinem Leinen zu weben. Und in meine Vorratskammern darf niemand eindringen.

Den Spähern sagte ich: Ja, zwei fremde Männer seien wohl bei mir gewesen, dürften ja wohl auch. Schließlich sei das u. a. mein Beruf, mit Männern zu verkehren. Aber sie seien schon lange fort, von meinem Fenster aus hätte ich sie noch aus dem Tor gehen sehen. Vielleicht könnten sie sie noch auf dem Wege erwischen?! (Sicherheitshalber sagte ich auch noch die falsche Richtung.)

Was das für Männer gewesen seien? Ich stellte mich dumm. Sei es vielleicht meine Aufgabe, Männer, die mich besuchten, nach Herkunft und Politik zu befragen?

Die Späher zogen ab, unzufrieden und mit einigen argwöhnischen Blicken durch die offene Tür meines Hauses. Ich stieg hinauf zu den beiden und ließ mir noch einmal das Versprechen geben, meine Familie zu schonen. Weil das Tor schon verschlossen war, ließ ich sie an einem festen Seil über die Mauer hinunter – mein Haus ist an die Stadtmauer gebaut, so kann ich aus dem Fenster weit ins Land sehen.

Ehe sie sich hinabließen, gaben sie mir eine rote Schnur. Die sollte ich an das Fenster knüpfen und meine Familie zu mir holen. Da wußte ich, es würde keine Gnade geben für die Stadt. Ich knüpfte die Schnur ans Fenster: Rot, die Farbe der Liebe, des Sieges, des Blutes . . .

Noch einmal ging ich zum König. Er fand mich lächerlich, verwies auf die Befestigung der Stadt, die hohen Mauern, die ständigen Wachen.

Manche Menschen ließen sich von mir warnen, flohen aus der Stadt nach Osten. Die meisten blieben, angstvoll und trotzig zugleich. Was hätte ich noch tun sollen?

Nach einigen Tagen kam das Wüstenvolk und schlug seine Zelte auf rings um die Stadt. Dann zogen Soldaten um die Mauer herum und bliesen auf seltsam dumpfen Hörnern. Nichts weiter. Aber dies Tag für Tag. Die Trompeten wirkten lächerlich und beängstigend zugleich; das Dröhnen zerrte an allen Nerven. Ungewißheit und Hohn entstanden bei den Leuten in der Stadt.

Ich sammelte meine Familie in meinem Haus: die Eltern, die Geschwister, ihre Frauen, Männer und Kinder, Geschwister der Angeheirateten – „Familie" hatte ich weitherzig ausgelegt –, soviele das Haus nur faßte. Die einzige und letzte Chance, die ich gegen alle verzweifelte Hoffnung wußte.

Der König, mein Verwandter auch er, hatte abgelehnt. Es hat mich Mühe gekostet, ihm dieses Angebot zu machen. Fast war ich dankbar für seine Entscheidung.

Auch am siebenten Tag die Hörner und Trompeten – fast hatten wir uns schon daran gewöhnt. Doch plötzlich brach dazu ein schreckliches, ohrengellendes Geschrei aus – als sei die Hölle los. Die Menschen in der Stadt stürzten entsetzt in ihre Häuser, die Mauer blieb unbewacht.

Sie fiel unter dem Geschrei des fremden Volkes und den drauflos stürmenden Soldaten.

Morsch war sie wie wir, die Menschen innerhalb, morsch waren.

Mein letzter Rest irrwitziger Hoffnung verging, als ich sie kommen sah: maskenhaft, ohne einen Blick nach rechts und links.

Die rote Schnur hat wohl einen kleinen Teil gerettet, meine „Familie". Nur sie habe ich bewahren können. Übrigens ist das ein häufig unzufriedener Rest: Viele jammern ihren Häusern nach, ihren Berufen, dem Verdienst, der geachteten Stellung in der Stadt. Wir sind Flüchtlinge, aufgenommen bei den Siegern, und müssen ihr ärmliches Leben teilen.

Auch ich bin arbeitslos – oder doch fast arbeitslos. Seherinnen – Prophetinnen gibt es zwar bei den Israeliten, doch nur selten. Eigentlich sehen die Männer es ungern. Eine alte Frau erzählte mir von einer Prophetin, die sie früher einmal hatten: Mirjam. Sie hat das Volk sogar mit geführt. Doch sie ist schon lange tot und nicht mehr mit in das versprochene Land gekommen.

Das Priesteramt ist fest in Männerhand, sogar erblich ist es in einer ganz bestimmten Familie und selbst für die Männer mit strengen Auflagen verbunden. Da hätte ich keinerlei Chance. Überhaupt scheinen die Frauen eigentlich nur als Ehefrauen und Mütter anerkannt zu sein: Kedeschen im Sinne meines Volkes darf es nicht geben.

Später einmal in Jerusalem wird es am Tempel wieder welche geben – das Volk möchte doch ein bißchen Vergnügen.

Doch immer werden sie von der puritanischen theologischen Partei bekämpft werden, wie auch die große Göttin, die immer wieder angerufen werden wird.

Ich denke, auf die Dauer kommt keine Religion ohne Weibliches aus. Auch an ihrem Wüstengott haben die Israeliten bestimmte Züge noch nicht benannt: Liebe, Schutz, Erbarmen, Trost. Das werden sie von uns noch lernen. Offen etwas zu ihrer Theologie beitragen, das darf ich nicht. So bleibt mir nur ein Rest meines früheren Berufes, ein ganz einträglicher übrigens: die Schleierweberei.

Meine Muster waren und sind begehrt. Vor allem Pflanzenmotive liebe ich, doch für die Exporte sind vor allem Sonne, Mond und Sterne gefragt. Einige interessante Motive haben die Frauen aus Ägypten mitgebracht.

Vielleicht können wir eine kleine Schleierweb-Kooperative gründen? Wenigstens so ein kleines Stückchen Unabhängigkeit und eigenen Verdienst für uns Frauen erreichen? Uns, sage ich schon. Langsam gehöre ich zu ihnen.

In letzter Zeit besucht mich öfter mal ein Mann aus Juda. Salmon heißt er. Er möchte mich heiraten. Zuerst war ich sehr ablehnend. Ich und heiraten – eine so viele Jahre lang selbständige Frau!

Die israelitischen Ehe-Gesetze sind auch nicht gerade sehr verlokkend. Aber Salmon meint, das müßte ich nicht so eng sehen; Theorie und Praxis seien zweierlei. Er will mir meine Freiheit lassen.

Ich bin noch nicht ganz sicher – Männer versprechen oft viel, um eine Frau rumzukriegen.

Andererseits: Salmon ist nicht mehr jung. Und wenn ich ihn beobachte, ist er liebevoll und vorsichtig im Umgang mit anderen, auch mit Frauen und Kindern. Außerdem hätte ich jetzt doch gern ein eigenes Kind. – Vielleicht heirate ich ihn doch.

Eva Schirmer

6.13 der fall rahab

mattäus ►
rahab – auch ein schwarzer fleck
im weißen feld des hauses david
ur-ur-urgroßmutter
dieses kindes
das da auf stroh liegt
abgeschoben
auf das leere stroh
eines volkswahns
rahab die hure von jericho
sie hatte direkt an der stadtmauer
ein freudenhaus
sie wissen was das heißt ►
freudenhaus
deckname
für großes elend
rahab die hure von jericho
in spionageaffären verwickelt
in einen fall watergate

reporter ►
ich höre zu
erzählen sie

mattäus ►
ich schreibe im augenblick
eine art aufklärungsbuch
für unser volk
ein evangelium
möchte ich es nennen
gehe dem fall jesus nach
den unser volk umbrachte
unser volk
das den mund voll hat
von zukunft
von hoffnung
von messias
dieses volk
bringt die spitze
dieser hoffnung

die erfüllung sozusagen
um
das kind
unser volk
schafft den messias beiseite
ich werde es aufdecken

rahab
hatte ein freudenhaus
an der stadtmauer jerichos
als israels kundschafter
jericho ausspionierten
stiegen sie
bei der hure rahab ab
und verbrachten bei ihr eine nacht
jerichos politische polizei
kam auf die heiße spur
und so fragte
jerichos geheime staatspolizei
bei rahab an
ob bei ihr israelitische männer
abgestiegen seien
ja gewiß sagte rahab
beeilt euch
sie sind noch nicht lange fort
ihr könnt sie einholen
wenn ihr eilt
dann versteckte rahab
die beiden spione
auf dem dach
unter flachsstroh
das dort zur bleiche ausgebreitet lag
und als die staatspolizei
sich weit genug entfernt hatte
rief sie ►
kommt heraus männer israels
wenn ihr mir schwört
daß ihr mich rettet
wenn jericho in eure hand fällt
und ich weiß daß es geschehen wird
denn euer gott
ist ein mächtiger gott

wenn ihr mir schwört
daß ihr mich und mein haus rettet
dann rette ich euch
jetzt
dann lasse ich euch
in einem korb
durchs fenster
an der stadtmauer hinunter ins freie

die israeliten
versprachen durch einen schwur
bei ihrem gott
daß sie gerettet werde
sie und ihre ganze familie
und da ließ
rahab
die hure von jericho
die israelitischen spione
in einem korb hinunter ins freie

das ist rahab
die hure
verwickelt in spionageaffären
volksverräterin
des todes schuldig
sie
kriminell im höchsten grade
ist ur-ur-urgroßmutter
des messias
keineswegs reinrassig
keineswegs so makellos
ist davids stammbaum
wie man es
das volk
und alle welt
glaubcn lassen will

Wilhelm Willms

gestellt worden war und sie glaubte an

Der Engel kam zu ihr herein und
sprach: Sei gegrüßt, du Begnadete.
Der Herr ist mir dir.

(Lk 1,28)

Maria aber sprach: Siehe, ich bin
des Herren Magd.

(Lk 1,38)

Seine Mutter sagte zu ihm: Kind,
warum hast du uns das getan?

(Lk 2,48)

Als die Seinen das hörten, gingen sie aus, um sich seiner zu
bemächtigen; denn sie sagten:
Er ist von Sinnen.

(Mk 3,23)

Als der Wein ausgegangen war, sagte
die Mutter Jesu zu ihm: Sie haben
keinen Wein. Und Jesus sagte zu ihr:
Weib, was habe ich mit dir zu schaffen?

(Joh 2,3f.)

Alle verharrten einmütig im
Gebet mit den Frauen und Maria, der Mutter Jesu, und mit
seinen Brüdern.

(Apg 1,14)

Als nun Jesus die Mutter sah und neben ihr den Jünger stehen, den er lieb
hatte, sagt er zur Mutter: Weib,
siehe, dein Sohn. Hierauf sagt er zum
Jünger: Siehe, deine Mutter! Und von
jener Stunde an nahm sie der Jünger
in sein Haus.

(Joh 19,27)

Sie sagen zu ihm: Siehe, deine
Mutter und deine Brüder und
deine Schwestern draußen suchen dich. Da antwortet er ihnen und sagt: Wer sind meine
Mutter und meine Brüder...
Wer den Willen Gottes tut, der
ist mir Bruder und Schwester
und Mutter.

(Mk 3,32ff.)

eine verwechslung (Kurt Marti)

⁴*Habe ich dich doch aus dem Lande Ägypten geführt und dich aus dem Sklavenhause erlöst, habe dir Mose und Aaron und Mirjam als Führer gesandt.*   Micha 6,4

²⁰*Da griff die Prophetin Mirjam, Aarons Schwester, zur Handpauke, und alle Frauen zogen hinter ihr her mit Handpauken und im Reigen.* ²¹*Und Mirjam sang ihnen vor:*
Singet dem Herrn,
denn hoch erhaben ist er;
Ross und Reiter warf er ins Meer.   Exodus 15,20–21

¹*Mirjam und Aaron aber redeten wider Mose um des kuschitischen Weibes willen, das er genommen hatte; denn er hatte eine Kuschitin zum Weibe genommen.* ²*Und sie sprachen: Hat denn der Herr nur mit Mose allein geredet? Hat er nicht auch mit uns geredet? Das hörte der Herr.*
. . .
⁹*Und der Zorn des Herrn entbrannte wider sie, und er ging hinweg;* ¹⁰*und als die Wolke von dem Zelte wich, siehe, da war Mirjam vom Aussatz weiß wie Schnee. Und als Aaron sich nach Mirjam umwandte, siehe, da war sie aussätzig.* ¹¹*Und Aaron sprach zu Mose: Ach, Herr, laß uns nicht dafür büßen, daß wir töricht gehandelt und uns versündigt haben.* ¹²*Laß sie nicht sein wie ein Totes, wie eine Fehlgeburt beim Austritt aus dem Mutterschoß, deren Fleisch schon halb verwest ist.* ¹³*Da schrie Mose zum Herrn und sprach: Ach, heile sie doch!* ¹⁴*Der Herr sprach zu Mose: Wenn ihr Vater ihr ins Angesicht gespieen hätte, müßte sie sich nicht sieben Tage lang schämen? Sie soll sieben Tage lang aus dem Lager ausgeschlossen sein, und darnach mag sie wieder aufgenommen werden.* ¹⁵*So wurde Mirjam sieben Tage lang aus dem Lager ausgeschlossen, und das Volk zog nicht weiter, bis Mirjam wieder aufgenommen war.*

                    Numeri 12,1–2, 9–15

6.15 Politische Führerin – darf eine Frau das sein?

Aus den unveröffentlichten Memoiren von Mirjam

Ich bin Mirjam, keine Mutter in Israel. Vielleicht in einer anderen Weise, im übertragenen Sinn, doch auch eine Mutter. Ich war eine Führerin in Israel, eine von den dreien, die das Volk aus der Sklaverei führten. Heute bin ich eine kaltgestellte Politikerin, beiseitegeschoben und mundtot gemacht von Männern, genauer gesagt: von meinen eigenen Brüdern. Ich schreibe meine Memoiren, wohl wissend, während meiner Lebenszeit werden sie unterdrückt werden. In der offiziellen Chronik wird nur das von mir stehen, was die Herrschenden nicht ganz unterdrücken können, weil es zu stark im Bewußtsein des Volkes lebt. Und ich weiß, mein Name und ein Teil meiner Geschichte leben weiter bei den Frauen meines Volkes. Mirjam, das heißt „Die Widerspenstige", so nennen sehr viele Frauen ihre Töchter. Zwei von ihnen werden einmal meine Geschichte aufnehmen – in mehr als tausend Jahren. Dann wird der Name griechisch sein: Maria. Eine von ihnen wird die Mutter des Messias sein, Prophetin vor seiner Geburt, die andere eine neue religiöse Führerin, die Genossin und später Verkünderin dieses Messias. Aber auch sie beide, diese Marien, werden umgebogen werden, entstellt und halb verschwiegen.

Ich weiß es, denn eine Seherin bin ich geblieben, auch wenn ich nichts mehr darf als schreiben – Bücher, die niemand liest. Meinen Namen kennen sie vielleicht, ich bin die große Schwester von Mose und Aaron, den Führern von Israel, die dann die Macht unter sich allein aufteilten. Vielleicht erinnern Sie sich an die hübsche Geschichte mit dem Binsenkörbchen, und vielleicht auch noch an ein Lied.

Den Frauen haben diese Männer es zu danken, daß sie ins Leben kamen, daß sie damals am Leben blieben: ihren Müttern, den tapferen Hebammen – Siphra und Puah waren es zu meiner Zeit – und ihren Schwestern, die sie behüteten. Wir lebten zu dieser Zeit in

Ägypten, waren als Gastarbeiter in dieses reiche Land gekommen und wurden auch so behandelt, wie man dies immer tut mit armen Einwanderern: Wir machten die dreckigen und schweren Arbeiten, die Ägypter verwalteten uns und führten ein sorgloses Leben. Es war auch dies so wie immer in der Geschichte: Die Armen bekamen viele Kinder, die Reichen hielten sich damit zurück. Die ägyptische Regierung sah das mit Sorge, Appelle an die Ägypterinnen, man werde bald aussterben, wenn sie sich nicht auf ihre biologischen Aufgaben besännen, halfen auch nicht viel. So versuchte man, die Geburtenrate der Gastarbeiter zu drücken, schließlich mit Gewalt und vor allem gegen die zukünftigen Aufrührer, die Männer und Jungen gerichtet. Pharao, der König des Landes, ließ sogar durch seine Regierung anordnen, alle männlichen Säuglinge der Israelitin-nen gleich nach der Geburt zu töten. Man kam nicht sehr weit damit. Denn eben hier wehrten sich die Frauen, die Mütter, die Hebammen, die Schwestern. Siphra und Puah z. B. wurden vorgeladen und sollten sich rechtfertigen, warum so viele männliche Säuglinge am Leben blieben. Sie hätten doch schließlich einen amtlichen Befehl, diese Kinder zu töten. Die beiden antworteten ganz unverfroren: Ja, die israelitischen Frauen seien eben so tüchtig, daß sie meist ohne die Hilfe von Hebammen auskämen, so hätten sie beide von vielen Geburten gar nichts gewußt. Man mußte sie also wieder laufen lassen.

Nicht nur Mose überlebte – wie hätte er später ein ganzes Volk mit vielen Kriegern führen können, wenn er in seiner Generation allein geblieben wäre? Im Gegensatz zu den Landarbeitern und Ziegeleiar-beitern bekam Mose jedoch eine besondere Chance. Ich hatte ihn bald nach seiner Geburt in einem hübschen geflochtenen Binsenkorb im Schilf des Nils versteckt, an einer Stelle, von der ich wußte, daß eine Pharaonen-Prinzessin dort häufig spazieren ging. Ich selbst blieb in der Nähe und sorgte dafür, daß die schwimmende Wiege ihre Aufmerksamkeit erregte. Sie ließ sich das Körbchen von einer Dienerin bringen und meinte gleich: das sei sicher eins der israeliti-schen Kinder.

Doch die Ägypterin war mit uns israelitischen Frauen einig: Man darf Kinder nicht töten. Für den kleinen Mose wollte sie selbst sorgen. Zunächst wurde eine Amme gebraucht, um das Kind zu ernähren. Ich sagte, ich wüßte zufällig eine, und schlug meine Mutter vor. Mit amüsiert-verständnisvollem Augenblinzeln stimmte die Prinzessin mir zu. Seine spätere Erziehung nahm sie selbst in die Hand – meine übrigens auch. Wir lernten lesen und schreiben, ich hatte Musik- und Tanzunterricht. Wir lernten die Kultur der Ägypter kennen, ihre Macht und ihre Ängste. Wir wußten, wer die Mächtigsten im Lande waren. (Das sollte später Josua sehr nützlich sein bei der letzten Plage, mit der die Ägypter geschlagen wurden, weil sie uns nicht gehen lassen wollten . . .)

Die Macht im Lande selbst zu erlangen oder auch nur einen angemessenen Anteil, war unmöglich. Gastarbeiter sollen immer Menschen zweiter Klasse bleiben, nützliche Arbeitstiere ohne Rechte. So verlangten wir, „nach Hause" zu gehen, in das Land, wo Abraham einst Land gekauft hatte für Sarahs Grab.

Mose hatte eine Offenbarung: Jahwe sprach aus dem Feuer eines Dornbuschs und sagte: Dies sollten wir fordern: nach Osten zu ziehen mit all unserer Habe. Mose hatte Angst, der ägyptischen Regierung diese Forderung zu überbringen, er meinte, er könne nicht genug reden. Das konnte dafür unser Bruder Aaron, der spätere oberste Priester, um so besser. (Na ja, das können Priester immer besonders gut – oder meinen es jedenfalls!) So gingen wir zu dritt und verlangten unseren Abzug.

Es wurde ein langwieriges Unternehmen. Unter dem Druck von Naturkatastrophen, die Aaron geschickt als Strafe unseres Gottes darstellen konnte, versprach der Pharao unseren Abzug. Aber in den Kabinettsrunden überzeugte dann der jeweilige Minister für Arbeit, der für Bau- und Wohnungswesen und der Verteidigungsminister die anderen davon, daß wir als billige Arbeitskräfte unbedingt bleiben müßten. Der Landwirtschaftsminister, der über Heuschrecken und Frösche klagte, wurde nur belächelt. Wen interessiert denn Feld und Wald, wenn es um Tempel, Straßenbau und Streitwagenproduktion geht?

Erst als es den Mächtigen ans Leben ging, als alle ihre ältesten Söhne in einer Nacht starben – unsere eigenen Häuser hatten wir an den

Pfosten mit Blut bestrichen und damit als israelitische kenntlich gemacht –, erst dann durften wir gehen. Sicherheitshalber zogen wir noch in derselben Nacht los, denn wir konnten uns ausrechnen, daß man uns bald verfolgen würde: Wirtschaftswachstum ist eben wichtiger als Menschenleben.

Wie gut, daß wir etwas von der Geographie des Landes, vom Mond und den Gezeiten verstanden! So konnten wir, als der Wind günstig wehte, fast trockenen Fußes durchs Schilfmeer gehen – das war vor allem für die Frauen mit kleinen Kindern mühselig! Wir trieben zur Eile, hinter uns hörten wir schon die Streitwagen der ägyptischen Armee, die Schreie der Soldaten. Doch wir schafften es! Und über den Ägyptern schlug das Wasser wieder zusammen. „Jahwe hat uns geholfen", sang ich, „Roß und Reiter warf er ins Meer!" Mein erstes großes Dankeslied. Ich sang es vor und schlug auf meine Handpauke, und bald sangen alle mit – wenigstens den Refrain. Wir haben das Lied und die Musikinstrumente noch oft brauchen können. Es feuerte die Menschen ein bißchen an, wenn die Füße weh taten und alle Hunger und Durst hatten. Vor allem die Kinder jammerten. Wir Frauen konnten ihnen so wenig helfen. Viele begannen zu murren: Warum sind wir nicht in Ägypten geblieben? Es gab genug zu essen und zu trinken! Hier rächte sich nun, daß wir keine Vorräte mitgenommen hatten – gegen meinen Rat.

Die Männer hatten radikal gedacht und verfügt: Nichts wird aus Ägypten an Essensvorräten mitgenommen! Nichts soll uns an das Sklavenleben erinnern! Nur, die toten Besitztümer, Gold, Werkzeuge, Waffen, oder auch die lebenden – Schafe und Ziegen –, die wurden mitgeschleppt. Auch das waren Arbeitsergebnisse aus Ägypten! Wir Frauen hätten die Reiseverpflegung gut organisieren können – aber nein, dies durfte nun plötzlich nicht mitgenommen werden: zubereitete Speisen werden als Arbeit nicht anerkannt.

Damals, bei den Beratungen über die notwendigen Dinge des Auszugs, fanden manche der Männer meine Überlegungen so richtig nebensächlich: Typisch Frau! denkt nach über Trockenfeigen, wo wir die großen Fragen lösen.

Kein Wunder, daß die Frauen jetzt murrten. Sie hatten die Last und mußten sehen, wie die Kinder unter der Hitze litten. Mose gab sich

Mühe, schrie zu Jahwe, und wir fanden immer wieder etwas, für einen Tag. Zum Vorrathalten waren die merkwürdigen kleinen Kugeln nicht geeignet, die wir vom Boden sammeln konnten, sie schimmelten über Nacht, aber den dringendsten Hunger stillten sie schon. Als viele nach Wasser schrieen in der Wüste, geschah ein Wunder: Mose schlug mit seinem Stock voll Zorn an einen Felsen – und an dieser Stelle sprudelte Wasser heraus. Doch insgesamt wurde die Stimmung immer schlechter.

Am Sinai stieg Mose auf einen Berg, um in Ruhe mit Jahwe und sich selbst zu klären, wie man mit diesem wirren und murrenden Volk fertig werden sollte.

Es dauerte tagelang, und wir dachten schon, er käme gar nicht wieder. Die Leute schimpften: Wer weiß, ob es diesen Gott Jahwe überhaupt gibt. Wer hat ihn denn schon gesehen. Aaron und ich berieten: Es stimmte, niemand hatte ihn gesehen, und die „Wunder" ließen sich auch anders erklären. Die ägyptischen Götter waren prunkvoll und offensichtlich auch mächtig – der mächtigste seit langem der Stiergott Amun, der Königsgott. Sollten wir lieber dem Amun opfern? Ich war mehr für Hathor oder Isis, die großen Göttinnen. Was wir brauchten, war Schutz, Essen und Trinken. Doch Aaron sah sich wohl schon als Amuns-Priester – so entschieden wir uns für diesen.

Das Volk jubelte, alle brachten Gold und Silber, Ringe, Reifen, Ketten, aus denen Aaron einen mächtigen Stier goß. Gerade wollten wir das Opfer am Bild beginnen, als Mose erschien. Mit zwei riesigen Steintafeln, in die er Schriftzeichen geritzt hatte. Voller Zorn warf er die gegen die Felsen, schrie uns an. Da bemühte er sich nun um Weisung von Jahwe, schrieb alles mühselig auf, und nun dieses!

Die Steintafeln waren gründlich zertrümmert, aber da waren sie, Jahwe hatte gesprochen, und Mose hatte seine Worte aufgeschrieben. Kein Gott der Bilder wollte Jahwe sein, doch seine Worte sollten wir haben – Steintafeln zum Erinnern, und später: das Buch der Bücher. Es wurde schon bald, noch in der Wüste, ein ganzes Gesetzbuch daraus. Mose schrieb es auf, allein er bekam die Gesetze gesagt.

Manchmal frage ich mich, ob sie wirklich so frauenunterdrückend gemeint waren wie sie bis heute da stehen – eine Offenbarung an mich und von mir aufgezeichnet hätte vermutlich anders ausgesehen. Doch Mose hütete sein Vorrecht, allein mit Gott zu sprechen, sehr eifersüchtig. Als Aaron und ich gemeinsam dieses Recht anzweifelten und Mose kritisierten, kam Jahwe in einer Wolkensäule und stellte uns beide zur Rede. Aaron passierte nichts – vielleicht genoß er als geweihter Priester so eine Art Immunität? –, nur ich wurde zur Strafe für meine Auflehnung mit Aussatz geschlagen. Zwar wurde ich, weil Mose darum bat, nach sieben' Tagen geheilt und durfte wieder ins Lager zurück, aus dem ich für diese Zeit ausgestoßen worden war. Ich denke, das Volk wäre ohne mich auch nicht weitergezogen – manche sagten das auch ganz deutlich! Aber mit meiner Position als Führerin und Prophetin war es vorbei. Sie schleppten mich halt so mit.

Mir war klargemacht worden: Frauen sollen nicht kritisieren, sollen sich nicht in Politik und Religion einmischen, das ist von nun an nur Männersache. Gleichzeitig war ich persönlich ein warnendes Beispiel für andere Frauen. Seitdem habe ich meine Vorbehalte gegenüber Jahwe. Wir brauchen nicht nur einen eifersüchtigen Siegergott. Doch als Prophetin weiß ich, auch dieser Gott wird sich ändern. Anderes wird später von ihm geschrieben werden als das Gesetz allein. Nur, solange Männer ihn und seine Worte deuten, werden das die beherrschenden Züge von Gott Jahwe sein, weil diese Männer damit auch uns, die Frauen, beherrschen können.

Ich bin eine Prophetin, doch wir werden auch Priesterinnen brauchen, Gottes-Lehrerinnen – damit die Politikerinnen nicht beiseite geschoben werden können mit vermeintlichen Gottesworten. Damit es andern Frauen nicht so geht wie mir. Wie Aaron und Mose werde auch ich nicht das versprochene Land erreichen. Man wird mich in Kades begraben. Nicht die offizielle Trauer von 30 Tagen wird mir zugestanden werden wie Aaron, meinem Bruder. Aber zu meinem Grab werden noch viele wandern und dort um mich trauern.

Eva Schirmer

6.16

Mirjam
– eine dem Mose und dem Aaron nicht nachgeord-
nete, sondern ihnen neben- und gleichgeordnete
Frau.

Mirjam
– eine der drei von Gott nach vorn Gesandten,
die aus der Sklaverei herausführen.

Mirjam
– später wohl erst zur blutsverwandten Schwester
des Mose und Aaron erklärt –
im Ursprung aber Schwester
dem Geiste nach, wahlverwandt.

Mirjam
– Prophetin genannt, keineswegs schweigend in der
Gemeinde, sondern Lied- und Tanz- und Sprachfüh-
rerin in und unter und vor dem Volk.

Mirjam
– Prophetin fürwahr, gottunmittelbar, nicht ver-
deckt, nicht vertreten, nicht vermittelt erst durch
den Mann, unverhüllten Gesichts, Sängerin und
Sprecherin mit unverbotenem Mund, mit unbehin-
derter Hand den Rhythmus schlagend zum Weg in
die Freiheit und zum Tanz in ihr.

Wolfgang Dietrich

6.17 Mirjam, die Schwester

Als Mirjam dann nach ihrer Handpauke griff und die Frauen sich alle wie verabredet erhoben und ich als einzige sitzenblieb, weil ich mich in ihren Gewohnheiten nicht auskannte, da kam ich mir doch wieder sehr fremd unter ihnen vor.

Mirjam schlug ihre kleine Pauke, daß mir die Ohren klangen. Alle klatschten dazu im gleichen Takt in die Hände und fingen an, in einer Art Schreittanz um mich herumzugehen. Als Mirjam ihr Lied anstimmte, ergriffen sie mich bei den Händen und zogen mich in ihren Kreis. Ich bewegte mich mit ihnen im gleichen Rhythmus, klatschte wie sie in die Hände und sang mit ihnen Mirjams altes Lied: „Singet Jahwe, denn er hat sich hoch erhaben gezeigt, Roß und Streitwagenkämpfer warf er ins Meer!" Wir wiederholten dieses Lied immer wieder, dachten uns neue Melodien aus, tanzten dazu, stampften mit den Füßen, drehten uns im Kreis und klatschten in die Hände, bis wir schließlich alle lachend und atemlos stehenblieben. Wir sahen auf Mirjam, die ihre kleine Pauke wieder an ihrem Gürtel befestigte und sich das Gewand zurechtzog.

Sie war schön, die Prophetin, von der man mir gesagt hatte, sie sei eine Schwester von Mose und Aaron. Ihr Gesicht, das einmal vom Aussatz entstellt gewesen war, strahlte. Ich konnte mir gut vorstellen, daß das Volk sie verehrt hatte und ihr in Liebe zugetan war. Man sagte, ein Gottesdienst, in dem Mirjam nicht mit den Frauen zu ihrem Loblied getanzt hätte, wäre kein rechter Gottesdienst gewesen. Ich konnte das verstehen, denn als Prophetin war sie ein Sprachrohr des Erhabenen, des gewaltigen Jahwe in Midian, des Gottes, der auf Rosse und Streitwagenkämpfer verzichten konnte, der nicht auf Krieger und Wagen angewiesen war, weil ihm der Wind und das Meer gehorchten. Mirjam diente diesem Gott, lange bevor Mose am Sinai dessen neue Gebote in Empfang genommen hatte. Sie sang ihm Loblieder in den Versammlungen und schritt seinem Volk singend und tanzend voraus auf dem Weg in das Gelobte Land, dem Ziel ihrer Hoffnung.

Ich stellte mir die Fröhlichkeit vor, mit der Mirjam das Gesetz Gottes verkündete, und stellte unwillkürlich einen Vergleich an zu der Strenge, die dieses Gesetz später bekommen hatte. Ein wenig spürte ich die starke Ausstrahlung der Mirjam von damals, als sie mit blitzenden Augen vor mir stand und mit ihrer hellen Stimme zu mir sagte:

„Du bist zu uns gekommen, um uns kennenzulernen. Wenn du wissen willst, wer wir waren, dann vergiß nicht, dich danach zu erkundigen, wer er nicht war."

Ich gebe zu, ich war beeindruckt von Mirjam. Von dem Klang ihrer Stimme und von dem, was sie sagte. „Wer war er also nicht?" fragte ich sie.

„Er war kein Gott", sagte sie, als habe sie darauf gewartet, es endlich aussprechen zu können.

„Hat er das behauptet?" fragte ich erstaunt.

„Er tat gelegentlich so", sagte sie. Die Frauen lachten. Aber mich wunderte ihre Antwort. Ich erinnerte mich nämlich gut daran, daß sie einmal hart bestraft worden war, weil sie Mose getadelt hatte.

„Mose hatte Fehler wie jeder Mensch", erklärte sie, als habe sie die damalige Zurechtweisung längst vergessen. „Ich kannte ihn besser als viele seiner Gläubigen. Er war ängstlich, unsicher, jähzornig, neugierig, eitel und machthungrig. Er war ein Kind", sagte sie.

Und ich dachte, sie redet genauso, wie ich es von einer großen Schwester erwarten würde, der es in Fleisch und Blut übergegangen ist, ihren kleinen Bruder zu erziehen. „War er nicht auch demütig?" fragte ich sie.

„Demütig war er auch", sagte sie, „wenn es darauf ankam." Alle Frauen lachten wieder, und ich lachte vor mich hin, weil mich ihre typische Große-Schwester-Haltung belustigte, die ich aus ihren Worten heraushörte. Ältere Schwestern lieben ihre jüngeren Brüder so sehr, dachte ich, daß sie sich einiges herausnehmen dürfen.

Aber es schien sich in ihrem Fall doch um etwas anderes zu handeln; denn als sie sagte: „Es war einfach unverzeihlich, daß er die Kuschitin zur Frau genommen hat!" hörte ich viel Verletztheit aus diesem Satz heraus. War es womöglich Eifersucht? Ich wußte aber nun wenigstens, worauf sie hinauswollte, denn bis jetzt hatte ich damit gerechnet, daß sie auf die Geschichte mit dem Stieraltar anspielen werde, den das Volk in seiner Abwesenheit errichtet und dessen Anblick Mose offenbar in Raserei versetzt hatte.

„Aaron war der gleichen Meinung wie du", erinnerte ich mich. Worauf sie erwiderte: „Nicht nur Aaron! Alle Eingeweihten hielten es für einen Skandal, daß Mose sich offiziell für den Mann der Kuschitin erklärte."

War das wirklich Eifersucht? ging es mir durch den Kopf. Oder stand Mirjam, die „Schwester", in einer noch anderen Beziehung zu Mose, als ich es bisher vermutet hatte? War sie, die Prophetin, die Priesterin, die dem Volk vorausschritt, mit ihm in ihrem Kult verbunden gewesen, und hatte Mose dadurch, daß er der Kuschitin anhing, diese gemeinsame Tradition verlassen?

Wenn ich es richtig verstehe, dachte ich, war Mose bis dahin von einer Frau an die andere weitergereicht worden: von Jochebed an die Tochter des Pharao, danach hatte Zippora ihn an Mirjam verloren – war sie überhaupt dieselbe Schwester, die ihn in seinem Binsenkörbchen bewacht hatte? –, und nun hatte er sich mit der Kuschitin verbunden, gegen die Mirjam etwas zu haben schien. Sie wehrte sich gegen sie. Hatte sich nicht auch Zippora dagegen gewehrt, ihn zu verlieren, als der Wüstendämon ihn für sich beanspruchte? Hatte sie ihn deswegen in aller Eile zu ihrem „Blutbräutigam" erklärt?

Wegen seiner wechselnden Beziehungen zu Frauen schien mir nun, als sei der Weg des Mose sein Leben lang von Kultkämpfen begleitet gewesen, denen er beinahe schon als Kind zum Opfer gefallen war. Erst am Ende seines Lebens war er dann derjenige geworden, der den neuen Glauben in Stein gemeißelt unter das Volk brachte. Mit dem Erfolg allerdings, daß es ihn nicht annahm. Erst beim zweiten Anlauf, nachdem er ihnen gehörig die Meinung gesagt hatte, gehorchten sie ihm und folgten ihm und seinen Nachfolgern ohne Murren. Am Ende hatten die Männer die Frauen besiegt. Und das Volk folgte dem Sieger.

Und alles begann damit, daß Mose sich eine Kuschitin zur Frau nahm. Eine Kuschitin, die Mirjam nicht anerkannte. Lange Zeit hatten Aaron und sie die alten Kultgebräuche lebendig erhalten und ausgeübt. Aber Mose hatte den Stieraltar zerstört und die Fremde zur Frau genommen.

„Dein Protest hat dir nichts weiter eingebracht, als daß Jahwe dich mit einem üblen Ausschlag entstellte, als ihr euch in Hazerot aufhieltet", sagte ich zu ihr.

Das gab sie zu. Aber zugleich, sagte sie, habe ihr diese Geschichte auch deutlicher als alles andere gezeigt, wie groß ihr Einfluß auf das Volk trotz allem immer noch war. Sie sagte: „Das Volk hat zu *mir* gehalten, und alle – selbst mein Bruder Mose – ergriffen meine Partei. Niemand verließ das Lager, bevor ich ganz geheilt war. Niemand murrte und klagte, wie sie es sonst so oft getan hatten. Jahwe beugte sich dem Willen meines Volkes, das nicht bereit war, auf *mich* zu verzichten."

Ich spürte förmlich, welch eine Kraft ihr aus dieser Erfahrung zugeflossen sein mußte. Sie strahlte jetzt noch in Erinnerung an das „Wunder von Hazerot", wie sie es nannte. Und mir erschien es selbst wie ein Wunder, daß das Volk trotz der unzähligen priesterlichen Verordnungen in Treue zu *ihr* gehalten hatte.

Wie ich sie so heil und schön vor mir stehen sah, dachte ich: Du hast mir Mut gemacht, Mirjam! Und ich sagte zu ihr: „Immer werde ich an dich denken, Mirjam, sooft es mir schlecht ergeht nach einer Niederlage, die ich mir im Kampf mit den Mächtigen einhandeln werde."

„Wenn du nur niemals daran zweifelst, wie stark die Kraft der Gläubigen ist", sagte sie und riet mir: „Und vergiß nicht, daß wir Brüder haben!" bevor sie sich anschickte, den Frauen vorauszugehen. Sogleich erinnerte ich mich in Dankbarkeit aller meiner Brüder, die mir jemals geholfen hatten.

„Und vergiß nicht, daß wir die Schwestern der Brüder sind!" rief sie mir zu, nachdem sie schon eine Strecke gegangen waren.

„Wie sollte ich das vergessen, Mirjam, Schwester", antwortete ich ihr ein wenig erstaunt, „ich bin eine Frau wie du!"

Aber sie schüttelte den Kopf. Hatte sie es anders gemeint? Ich dachte darüber nach, ob ich in Wirklichkeit überhaupt wußte, was es bedeutet, eine Schwester zu sein. Und ich dachte, eine Schwester, die nicht die Dienerin ihrer Brüder ist, sondern die ihnen und dem ganzen Volk vorausschreitet, eine Schwester wie dich, Mirjam, wo finde ich sie denn? *Ingeborg Kruse*

⁵ *Er kam nun in die Nähe einer Stadt Samariens namens Sychar, nicht weit von dem Grundstück, das Jakob seinem Sohne Joseph gegeben hatte.* ⁶ *Dort aber war der Brunnen Jakobs. Jesus nun, von der Reise müde geworden, setzte sich so an den Brunnen; es war um die sechste Stunde.* ⁷ *Da kommt eine Frau aus Samarien, um Wasser zu schöpfen. Jesus sagt zu ihr: Gib mir zu trinken!* ⁸ *Seine Jünger waren nämlich in die Stadt gegangen, um Speise zu kaufen.*

. . .

¹⁶ *Er sagt zu ihr: Geh hin, rufe deinen Mann und komm hierher!* ¹⁷ *Die Frau antwortete und sagte: Ich habe keinen Mann. Jesus sagt zu ihr: Mit Recht hast du gesagt: Ich habe keinen Mann;* ¹⁸ *denn fünf Männer hast du gehabt, und der, den du jetzt hast, ist nicht dein Mann. Da hast du die Wahrheit gesagt.*

. . .

²⁵ *Die Frau sagt zu ihm: Ich weiß, daß der Messias kommt, der der Christus genannt wird; wenn dieser kommt, wird er uns alles kundmachen.* ²⁶ *Jesus sagt zu ihr: Ich bin's, der ich mit dir rede.*

²⁷ *Und währenddem kamen seine Jünger, und sie verwunderten sich, daß er mit einer Frau redete. Doch sagte keiner: Was hast du im Sinn? oder: Was redest du mit ihr?* ²⁸ *Die Frau nun ließ ihren Wasserkrug stehen und ging weg in die Stadt und sagte zu den Leuten:* ²⁹ *Kommet, sehet einen Menschen, der mir alles gesagt hat, was ich getan habe! Sollte dieser etwa gar der Christus sein?* ³⁰ *Sie gingen zur Stadt hinaus und machten sich auf den Weg zu ihm.*

³¹ *Inzwischen baten ihn die Jünger: Rabbi, iß!*

. . .

³⁹ *Aus jener Stadt aber glaubten viele von den Samaritern an ihn um des Wortes der Frau willen, die bezeugte: Er hat mir alles gesagt, was ich getan habe.* ⁴⁰ *Als nun die Samariter zu ihm kamen, baten sie ihn, bei ihnen zu bleiben; und er blieb zwei Tage dort.* ⁴¹ *Und noch viel mehr Leute glaubten um seines Wortes willen* ⁴² *und sagten zu der Frau: Wir glauben*

*nicht mehr um deiner Rede willen; denn wir haben selbst
gehört und wir wissen, daß dieser in Wahrheit der Heiland der
Welt ist.*

Johannes 4,5–8, 16–18, 25–31, 39–42

6.18 Die Begegnung am Brunnen

Variationen

Und als die Jünger aus der Stadt zurückkamen, aus der sie Speise
gekauft hatten (Vers 8), da sahen sie Jesus am Brunnenrand mit einer
fremden Frau sprechen. Aus Samarien war sie, wie sie an ihrer
Kleidung erkannten. Frech und aufdringlich war sie, wie Samaritaner es sind, die Frauen zumal. Eindringlich sprach sie auf Jesus ein,
mit Händen und ihrem ganzen Körper sprechend. Daß sich Jesus das
gefallen ließ! Denn er redete mit ihr, wies sie nicht ab. Er blickte sie
freundlich und voll Verständnis an, wie damals, als die jungen
Mütter ihre Kinder zu Jesus brachten, daß er sie segnen sollte.
Und die Jünger blieben abseits stehen und tuschelten miteinander.
„Ist Jesus denn so ins Gespräch versunken, daß er gar nicht merkt,
daß wir, seine Freunde, zurückgekommen sind mit der Speise, die
wir gekauft haben?" fragten sie sich. „Sieht er uns denn gar nicht?"
Und sie redeten lauter, daß sie nicht mehr zu überhören waren. Doch
Jesus schien sie nicht zu bemerken. Da faßte sich Petrus endlich
Mut, ging geradewegs auf Jesus zu, stellte sich mitten zwischen
Jesus und die Frau und sagte: „Du hast uns geschickt, Speise zu
kaufen. Wir haben es getan, wie du es befohlen hast. Und nun sehen
wir dich hier mit einer Frau im Gespräch, einer Frau aus Samarien.
Weißt du denn gar nicht, was sich gebührt in Israel? Die Leute
spotten schon über uns: Mit Kindern und Frauen und Fremdlingen
gibt sich euer Meister ab, sagen sie. Ein Meister der Gottlosen ist er,
sagen sie. Was sagst du dazu?" Und er blickte Jesus an, voll Zorn
und Eifer. Und Jesus blickte Petrus freundlich an und schwieg. Das
hatte Petrus nicht erwartet. Es verwirrte ihn. Und als er das Schweigen nicht mehr ertragen konnte, redete er weiter: „Herr, du weißt,
daß wir dich lieben. Du weißt, wir sind bereit, deinen Weg mit dir zu
gehen. Das haben wir dir versprochen. Und eines Mannes Wort, das

zählt – anders als bei der da. Und wir wissen und haben verstanden: Du bist zu den verlorenen Schafen Israels gesandt, zu denen, die die Pharisäer Sünder und Zöllner nennen. Du hast uns gesagt: ‚Die Gesunden bedürfen des Arztes nicht, sondern die Kranken.‘ All das wissen wir. So hast du ja auch uns gefunden und gerufen. Doch mußt du so weit gehen? Alles hat doch seine Grenze! Unmündige Kinder und unmoralische Frauen und gottlose Samaritaner, das alles zusammen, das ist zuviel für uns. Das mußt du doch einsehen. Wir tun doch alles für dich, aber verlange nicht zuviel von uns. – Hier ist die Speise, die wir gekauft haben. Vergessen wir den Streit, schick die Frau fort und laß uns essen."

„Du hast noch viel zu lernen, Petrus", sagte Jesus und lächelte ihn an. „Aber glaube mir: Ich gehe den Weg, den mich mein Vater gewiesen hat, und ich traue dir zu, daß auch du noch lernen wirst, diesen Weg zu gehen. So bitte doch deine Freunde, zu uns zu kommen. Laß uns zusammen essen und trinken, und die Frau, die ich liebgewonnen habe, soll in unserer Mitte sein."

Zögernd kamen die anderen Jünger. Sie hatten alles mitgehört. Doch dann setzten sie sich dazu. Sie mußten daran denken, daß sie selbst einst im Abseits standen, alleingelassen oder ausgestoßen, und daß Jesus sie in seine Gemeinschaft hineingenommen hatte. So saßen sie zusammen mit der Frau aus Samarien, und sie aßen und tranken und sprachen miteinander. Und Petrus hörte zum erstenmal in seinem Leben auf das, was eine Frau ihm von sich und ihrem Leben erzählte. Er hörte zum erstenmal wirklich auf eine Frau, mit offenen Ohren, um zu lernen und um das, was sie sagte, in sein Herz aufzunehmen. Und Petrus sagte am Ende – spontan und direkt, wie er war –: „Es ist unbeschreiblich, was ich von dieser Frau aus Samarien noch lernen kann. Das hätte ich mir nicht träumen lassen." Und nach einer Pause des Nachdenkens: „Und es tut mir auch nicht leid, daß ich das jetzt gesagt habe." Und die anderen Jünger verstanden ihn gut. So wurde dieser Tag zu einem gelungenen Fest, das bis spät in die Nacht dauerte. Und sie redeten alle miteinander, und jeder hatte den Eindruck: Ich rede zum erstenmal in meinem Leben wirklich von dem, was mich bewegt. Und sie hörten aufeinander, und einer verstand den anderen.

Und als alle miteinander redeten und die Herzen sich füreinander öffneten, da zog sich Jesus zurück, er allein. Er setzte sich an den Brunnenrand und blickte in das Dunkel des Brunnens.

★

Und als die Frau aus Samarien mit Jesus am Brunnen gesprochen hatte und als sich Jesus ihr als Messias, der Christus, zu erkennen gab, da ließ sie den Wasserkrug stehen, lief in die Stadt und sagte zu den Leuten: „Kommt, seht einen Menschen, der mir alles gesagt hat, was ich getan habe. Sollte dieser etwa gar der Christus sein?" Und die Leute sagten zu ihr: „Was redest du da, Frau! Was soll aus deinem Munde schon Gutes kommen. Du bist von Sinnen!" Doch die Frau wollte sich rechtfertigen und sagte: „Ich habe in Wahrheit den Messias gesehen, den Christus, von dem wir alle hoffen, daß er kommt. Er ist es!" Doch sie antworteten ihr: „Eher geht ein Kamel durch ein Nadelöhr, als daß sich der Messias einer Frau offenbart. Schweig, tu deine Pflicht, die dir als Frau zusteht, und lästere nicht den Herrn durch dein Geplärr." Und die Frau verstummte, denn sie merkte: Ich kann mich diesen Leuten niemals verständlich machen. Sie tat ihre Pflicht, wie sie es seit alters her gewohnt war. Sie tat ihre Pflicht wie automatisch und versuchte zu vergessen. Doch sie konnte nicht vergessen. So bewahrte sie ihr Geheimnis weiter tief in ihrem Herzen bis auf den heutigen Tag. Und die Männer von Samarien und anderswo, sie warten weiter auf den Messias. Viel wird über ihn weiter geredet, viel in Büchern über ihn geschrieben, viel von Kanzeln über ihn gesagt, doch die meisten warten weiter, weil sie nicht zugehört und verstanden haben. Und doch gibt es Menschen neben ihnen, die bewahren das Geheimnis des Messias in ihrem Herzen. Sie bewahren es, bis die anderen auf sie lauschen, ihnen zuhören, von ihnen lernen.

★

Und die Frau lief zurück und berichtete alles, was sie gehört hatte. Und die Leute aus Sychar in Samarien wunderten sich und fragten untereinander: „Sollte der Messias diesen Weg nehmen und zu uns nach Samarien und zu einer Frau aus Samarien kommen? Sollte es so sein?" Andere aber sagten: „Der Messias kommt zu den Juden, so steht es geschrieben, seit altersher. Daran kann sich nichts ändern. Wie sollte er zu uns verachteten Samaritanern kommen." Da trat ein weiser Mann auf, auf dessen Worte die Leute in Sychar zu hören gewohnt waren, und sagte mit ruhiger Stimme: „Gottes Wege sind nicht unsere Wege. Unserem Vater Abraham hat Gott ein neues Gebot gegeben, als er dem Abraham befahl, den Widder zu schlachten und nicht seinen eigenen Sohn, den Isaak. Gerechtigkeit und Liebe wollte Gott und keine Menschenopfer. Warum sollte Gott nicht wieder andere Wege wählen, als wir es uns vorstellen, um uns seine Freundlichkeit zu zeigen." Der alte Mann schwieg. Und die Männer und Frauen in Sychar hörten ihm gebannt zu. Und dann sprach er weiter: „Wenn schon, wie einige von uns glauben, der Messias uns in Samarien nicht für zu gering achtet, um sich uns zu offenbaren, warum sollte er eine Frau für zu gering achten, als daß er ihr sein Geheimnis offenbart. Die Juden verachten uns Samaritaner. Das halten wir für ungerecht, und wir leiden darunter. Wir samaritanischen Männer verachten aber auch die Frauen, weil wir sie für einfältig halten, so wie die Juden uns verachten. Ob das die Offenbarung des Messias Gottes ist: Der Messias macht sich auf den Weg zu den Verachteten und Leidenden unter uns. Er will ihnen gerecht werden. Und nur sie verstehen ihn und nehmen ihn auf. Deshalb können wir in Samarien, die wir verachtet werden von den Juden, vielleicht auch den Messias besser verstehen als jene." Und die Männer aus Samarien schauten ihn an, einer den anderen, und sie sagten untereinander: „Ja, so ist es. Gottes Wege zu uns Menschen sind anders, als wir es erwarten. Gott sendet seinen Sohn, den Messias, zu denen, die verachtet und arm am Rande leben."

Und sie baten die Frau zu erzählen, was sich ihr zugetragen hatte. Und die Frau erzählte vom Brunnen, vom Wasser tief unten im Brunnen, von der Dunkelheit und dem Licht, das im Dunkel des Brunnens erschien. Sie erzählte von der Freundlichkeit des Mannes, der ihr zugehört und sie zum Sprechen gebracht hatte. Und die Männer von Sychar hörten zum erstenmal der Frau zu, und sie wunderten sich über ihre schöne Stimme und ihre klaren Worte. Und sie sagten: „So hatten wir dich noch nie reden gehört. Du redest so weise, wie wir es nur von dem alten Mann kennen. Nein, du redest noch anders. Wir möchten es dir sagen: Du bewegst unser Herz. Erzähl uns mehr. Wir möchten von dir lernen." So saßen sie an diesem Abend zusammen, die Männer aus Sychar und die Frau vom Brunnen, und alle lauschten, wie sie von Jesus und ihrem Glauben und ihrem Leben erzählte.

Und die Kunde von der wundersamen Offenbarung des Messias am Brunnen vor der einfachen Frau aus Samarien verbreitete sich im ganzen Lande. Und zu den Jüngern Jesu gesellten sich wie von selbst Frauen, die Frau aus Samarien, Maria und Martha, Maria aus Magdala, Maria, die Mutter Jesu, Salome und die Maria des Jakobus, eine mit Namen unbekannte Ehebrecherin, eine blutflüssige Frau und noch viele andere Frauen, deren Namen zu erwähnen Männer wie Matthäus, Markus und Lukas aus Unbedacht vergessen haben.

Axel Denecke

6.19 ausgerechnet dieser frau da aus sychar

er redet mit ihr
als wäre es hier ganz selbstverständlich
mit ihr zu reden
ist aber nicht selbstverständlich
sie fällt aus allen wolken
als er sie anspricht
einfach so
eine aus samaria
eine aus sychar
die sind doch nicht rechtgläubig
die tanzen doch die ganze samstagnacht bis in den
frühen morgen auf der macumba
so eine bittet man doch nicht um ein glas wasser
wenn man ein guter christ ist
ein guter katholik
ein guter protestant ist

er aber
natürlich
er bittet sie
gib mir zu trinken
frau
und als er nach ihrem mann fragt
weiß er auch das
fünf männer und keinen ehemann
und der sechste
mit dem ist sie auch nicht verheiratet
gib mir zu trinken bitte
verspricht ihr wasser
von dem sie nie mehr durstig wird
wasser
das ins ewige leben sprudelt
ausgerechnet ihr
dieser frau die botschaft
ich bin es
nach dem sie fragt

auf den sie wartet
auf den sie hören wird
ich bin es sagt er
ich bin es
der mit dir redet

da rennt sie in die stadt zurück und trommelt die
leute zusammen
der weiß alles über mich
sagt sie den leuten
vielleicht ist er's

und die ihn begleiten
staunen bauklötze
zwei tage bleibt er bei ihnen
statt den staub von den füßen zu schütteln
zwei tage bei einer frau wie dieser frau
was will er nur von ihr
denken sie unter sich
fragen aber nicht
wie kann er sich nur mit ihnen einlassen
die hängen doch nachts dem frommen nachbarn einen
verzauberten zopf in den flur
den zopf einer 15jährigen
das ist der wirksamste
die schreiben doch die namen derer
die sie nicht leiden können
auf faule eier
und graben sie ein an den wegkreuzungen
dort
wo drei zusammenlaufen
wie kann er nur mit so einer reden
trauen sich aber nicht zu widersprechen
mit einer frau
noch dazu so einer
mit einer frau
sie begreifen nicht
daß längst schluß gemacht ist
mit mann und frau
nur glaube gesucht ist

nur menschen gefragt sind
die glauben

die frau aus sychar weiß es
die frau aus magdala weiß es
die frau des zebedäus
die mutter von josef und jakobus
des petrus schwiegermutter
marta und maria
salome und die anderen
sie alle ahnen
längst sind wir angenommen

nur die männer brauchen so lange
zweitausend jahre lang wundern sie sich schon
von rom bis rio
tun so
als wüßten sie nicht
was es heißt
was es bedeutet
bedeuten muß
wenn er ihr
ausgerechnet ihr
das wasser verspricht
von dem man nicht mehr durstig wird
das wasser
das alle verschuldung auswäscht
das wasser
das tote lebendig macht
nur die männer brauchen so lange
um zu begreifen
daß ihr erster platz nicht mehr erster platz ist
sie hören und hören und hören es immer wieder
aber sie begreifen es nicht

doch nicht das auch noch
schreien sie
diesen kleinen vorsprung
nein

Kurtmartin Magiera

6.20

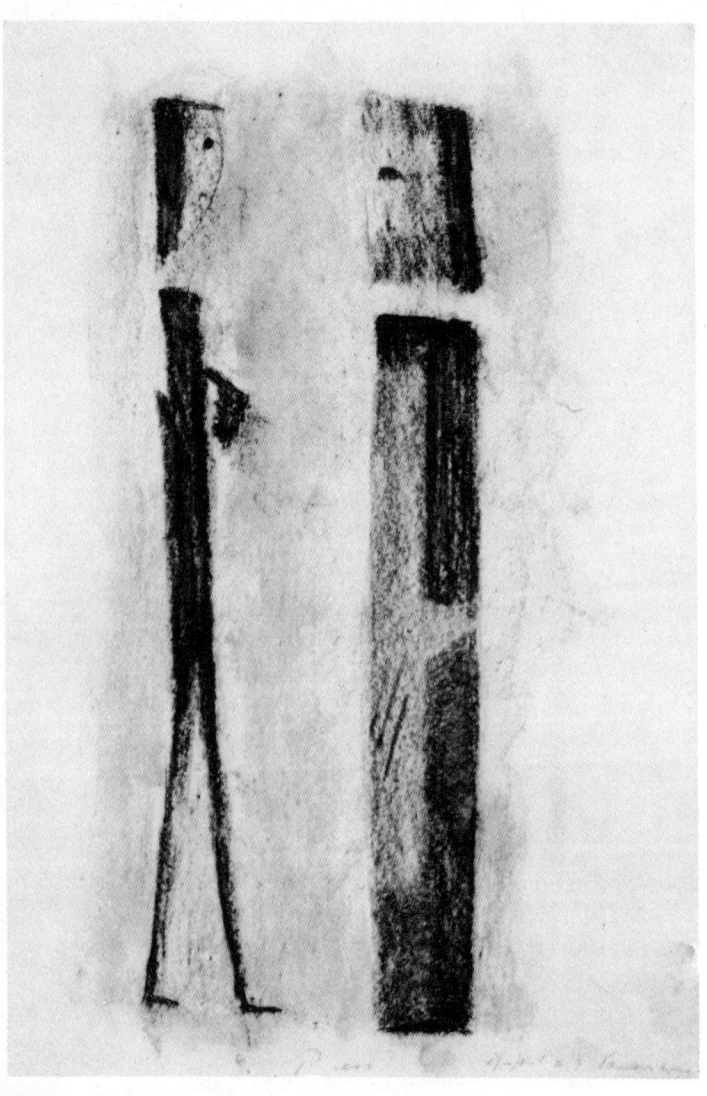

Friedrich Press: Christus und die Samariterin (1970)

*¹ Sarai, Abrams Weib, hatte ihm kein Kind geboren. Nun hatte
sie eine ägyptische Magd, die hieß Hagar. ² Und Sarai sprach
zu Abram: Der Herr hat mir nun einmal Kinder versagt. So
gehe denn zu meiner Magd; vielleicht, daß ich durch sie einen
Sohn bekomme. Und Abram hörte auf Sarai. ³ Da nahm Sarai,
Abrams Weib, die Ägypterin Hagar, ihre Magd, nachdem
Abram zehn Jahre im Lande Kanaan gewohnt hatte, und gab
sie ihrem Manne Abram zum Weibe. ⁴ Und er ging zu Hagar,
und sie ward schwanger. Als sie nun merkte, daß sie schwanger war, sah sie auf ihre Herrin herab. ⁵ Da sprach Sarai zu
Abram: Das Unrecht, das mir geschieht, komme über dich!
Ich selbst habe dir meine Magd in die Arme gelegt. Nun, da sie
sich schwanger weiß, sieht sie auf mich herab. Der Herr sei
Richter zwischen mir und dir! ⁶ Abram aber sprach zu Sarai:
Nun, deine Magd ist ja in deiner Gewalt; mache mit ihr, was
dir gefällt. Da nun Sarai sie hart behandelte, entfloh sie ihr.*
. . .
*¹ Und der Herr erschien ihm bei der Terebinthe . . .
⁹ Da sprachen sie zu ihm: Wo ist dein Weib Sara? Er antwortete: Da drinnen im Zelte. ¹⁰ Da sprach er: Ich werde wieder
zu dir kommen übers Jahr um diese Zeit; dann hat dein Weib
Sara einen Sohn. Sara aber hörte zu am Eingang des Zeltes
hinter ihm. ¹¹ Nun waren Abraham und Sara alt und hochbe-
tagt, sodaß es Sara nicht mehr nach der Frauen Weise ging.
¹² Darum lachte Sara bei sich selbst und dachte: Nun ich welk
bin, soll mich noch Liebeslust ankommen? Und auch mein
Herr ist alt.*

Genesis 16,1–6; 18,1, 9–12

6.21

Sara lachte
lächerlich
die Zeugungslust
eines alten Mannes
einer erloschenen Frau
wie sie dachte
und wurde schwanger

Wilhelm Gössmann

6.22 Sara

zu oft mein einsames Sterngebet
Nachtwüsten
vor dem Zelt
zu oft
der Geburtsschrei außer mir
meine Mägde gesegnet
die Zunge der Mutterschafe
über den zitternden Lämmern

ich lache mich über
den trockenen Samenstrom und
die sinkenden Hügel

Abram, warum
daß wir unsre Mutter verließen
daß du unser Leben hängst
immer noch an ein Wort
zwischen Sandsturm und Steppe
unlöschbarer Durst

du bist kein Strom mehr
ich keine Zisterne
in denen die Milchstraße
Fleisch werden könnte

Abram, ich backe Brot den
Geschichtenerzählern
süß soll es duften wie
die Haut kleiner Söhne und Töchter
weich sein wie Kinderhände und Lippen
aufgehen wird es in Mündern und Mägen
unser Hunger kennt kein Brot
laß uns satt unsres Wartens werden
endlich

Christa Peikert-Flaspöhler

6.23 Sara – oder der Konflikt zwischen dem Allgemeinen und dem Persönlichen in der Moral

Als Sara ihrem Mann schließlich sagte, daß sie infolge gewisser angeborener Defekte nicht in der Lage sei, ihn mit Nachkommenschaft zu beglücken, saß Abraham finster und gedankenverloren da. Das Gespräch riß ab, in gespanntem Schweigen erwarteten beide das Wort, das beide kannten, das aber eine ganze Weile niemand von ihnen laut auszusprechen wagte. Endlich sprach Sara es aus – denn einmal war sie als Frau zu größerem Mut verpflichtet und zum andern hatte gerade sie in dieser Angelegenheit einen Akt des Verzichts zu erfüllen. Sie sagte: „Du wirst ein Kind mit Hagar, meiner Dienerin, haben." Abraham seufzte erleichtert auf; er war nicht gerade ein mutiger Mensch und jetzt froh, daß der Vorschlag nicht von ihm ausgegangen war. Wäre er weniger kleinmütig gewesen, hätte er den Vorschlag selbst gemacht und von seiner Frau die Zustimmung erwartet, ohne sie zu dem erniedrigenden ersten Wort zu zwingen. Er hätte nicht feige den Vorwurf, ein Egoist zu sein, umgehen, sondern seiner Frau wenigstens den Vorzug des Bewußtseins geben sollen, sie sei das Opfer eines brutalen Vorgehens geworden (denn sie wußte, daß er Hagar schon seit langem begehrte). Er hätte es nicht soweit kommen lassen dürfen, daß sie ihn durch ihre Initiative der Schuld enthob und zu der von ihm selbst sehnlich gewünschten Sünde trieb. Die Ägypterin Hagar war das schönste Mädchen in den Tälern des Euphrat. Saras Entschluß war keineswegs eine spontane Reaktion des Herzens gewesen. Er war auch kein großmütiger Entschluß. Er entsprang ausschließlich dem bescheidenen Wissen, das sie vom Begriff Familie besaß. Sara wußte, daß ein von Gott stammender Grundsatz besagt, es sei die Bestimmung des Menschen, das eigene Dasein in den Kindern fortzusetzen. Wenn dieser Grundsatz nicht in die Tat umgesetzt wird, gibt es keine Familie, verwirklicht diese ihr Wesen, ihre Essenz nicht. Es ging also darum, Essenz und Existenz in Übereinstimmung zu bringen, die allgemeine Natur der Familie mit dem konkreten Einzelfall, dem Paar Abraham-Sara. Sara wußte überdies, daß ein kinderloser Abraham schließlich zum Gespött der Bekannten werden würde, von allen verachtet, und daß seine soziale Stellung infolge dieser anomalen Situation erschüttert werden könnte. Aber es war nicht einmal die Furcht, ihr Mann könne sich lächerlich machen, die sie leitete. Sie wurde vom reinen Bewußtsein jener allgemeinen Pflicht geleitet, dem reinen Bedürfnis der allgemeinen Norm Genüge zu tun, von dem Gefühl der Unruhe angesichts der Tatsache, daß die Existenz das Wesen nicht erfüllte, daß ihre Familie, dem allgemeinen Grundsatz der Familie – sich zu vermehren – nicht gerecht wurde. So siegte das Allgemeine über das Persönliche.

Reglos und ohne eine Träne des Bedauerns lag Sara im nächtlich kühlen Gras neben dem Zelt, in dem ihr Mann gierig den unvergleichlichen Leib Hagars in Besitz nahm, und blickte zu den Sternen empor. Die Nacht war lang, sie war endlos, aber Abraham merkte ihre Dauer nicht, während Sara das Alter empfand.

Und dann geschah das, was vorauszusehen gewesen war. Hagar, damals noch ein gutes, aber naives und etwas eitles Mädchen, verstand die Aufgabe nicht, für die sie das Schicksal ausersehen hatte. Die Nacht, die sie mit Abraham verbrachte und die sich noch einige Male wiederholte, war für sie nur eine Nacht der Lust und nicht eine Nacht der Pflicht wie für Sara. (Abrahams Haltung war zweideutig – er erfüllte eine Pflicht, und warum sollte er nicht bei dieser Gelegenheit auch deren reizvolle Seiten nützen?) Im System der Gesetzerfüllung war Hagar nur passives Werkzeug, das sich der Rolle, die es zu spielen hatte, nicht bewußt war; ihr Bewußtsein war frei von allgemeinem Wissen, sie nützte das Recht, um unmittelbare Freude zu kosten, ihre Motive waren persönliche Motive und eng mit dem Augenblick verbunden.

Aber Hagar wußte, daß es gut ist, Kinder zu haben. Statt ihrer Rolle bescheiden zu genügen, stellte sie jedoch ihren wachsenden Leib zur Schau und prahlte überall mit der zu erwartenden Mutterschaft. Mit Hilfe kleiner Anspielungen und Gesten führte sie der unglücklichen Herrin ihre Vorzüge vor Augen. Saras Opfermut wurde auf immer größere Proben gestellt. Abraham stolzierte zunächst herum, als hätte er eine außergewöhnliche Leistung vollbracht. Bald wurde die Atmosphäre zu Hause jedoch unerträglich, und er begann sein Heim zu meiden, um sich nicht in das Gezänk der Frauen einmischen zu müssen.

Schließlich brachen Saras Wut und Erbitterung offen zutage. In einem Ausbruch lang unterdrückter Empörung und in dem Wunsch nach Rache verlangte sie von Abraham Genugtuung. Wie alle, von denen man sagt, sie seien „echte Männer", war Abraham ein Feigling. Er besaß lediglich den zweifelhaften Mut, in einer fanatisierten Kriegerschar mit dem Schwert herumzufuchteln, und hatte nicht den geringsten Sinn dafür, den Konflikten des Lebens zu begegnen. Er ging jeglicher Initiative aus dem Weg, indem er sich bemühte, immer so zu handeln, daß an seiner Stelle ein anderer die schwierige Entscheidung traf. Auch jetzt verhielt er sich seinem Charakter entsprechend. Auf das Wehklagen und die Haßausbrüche seiner Frau reagierte er schnell mit den Worten: „Aber Hagar ist doch deine Dienerin, du kannst mit ihr tun, was dir beliebt. Ich denke nicht daran, mich einzumischen, mich geht es nichts an, was mit ihr geschieht."

Sara hatte nur auf diese Erlaubnis gewartet. Noch am selben Abend wurde die schwangere Hagar mit den gemeinsten Schimpfworten beworfen, wurde geschlagen und beleidigt. Laut weinend und verzweifelt lief sie aus dem Haus ihrer Brotgeber. Solcherart gewann das Herz schließlich wieder die Oberhand über das Recht, empörte sich die Existenz gegen die Essenz, siegte das Persönliche über das Allgemeine. Abraham kehrte, als alles zu Ende war, nach Hause zurück und war eigentlich ganz froh über diese Wendung der Dinge; die geringen Gewissensbisse, die er wegen der vertriebenen Geliebten empfand, schwanden bald angesichts der Erleichterung darüber, daß er die Sache endlich hinter sich hatte. Es war alles in Ordnung, denn er hatte niemandem etwas getan und keinerlei Entscheidung treffen müssen. Wie alle Feiglinge war er davon überzeugt, daß keine Verantwortung trägt, wer nichts tut, und daß es das beste ist, sich nicht zu engagieren: Er hatte Hagar im Auftrag seiner Frau geschwängert, an dem Weiberstreit keinen Anteil genommen und schließlich nur gesagt, daß Hagar Saras Dienerin sei, mit der die Herrin verfahren kann, wie es ihr beliebt. Man brauchte sich nur die Tatsache vor Augen zu halten. Dabei löste sich die quälende Situation ganz von allein.

Der weitere Verlauf der Geschichte ist weniger interessant.

Erste Moral, die Situation Saras betreffend:

Erweist sich das Gesetz wirklich als unerträglich, vergewaltigt es unsere Natur zu sehr, so bedeutet es keine Schuld, es nicht zu erfüllen, und es zu erfüllen, ist ein Verdienst. Mit anderen Worten: naturam expelles furca . . .

Zweite Moral, die Situation Saras betreffend:

Haben wir jedoch die Last auf uns genommen, das Recht zu erfüllen, so bedeutet es schon Schuld, nicht bis zum Ende auszuharren, denn sonst bezahlt ein anderer für unsere Inkonsequenz.

Dritte Moral, die Situation Hagars betreffend:

Man wird zu Recht bestraft für unverdiente Vorteile.

Vierte Moral, die Situation Abrahams betreffend:

Feigheit kann sich im Hinblick auf große Leidenschaften vorteilhaft auswirken.

Fünfte Moral, die Situation Abrahams betreffend:

Machen wir uns nicht vor, wir träfen keine Entscheidungen, wenn wir nur Tatsachen feststellen.

Sechste Moral, die Situation des Dreiecks betreffend:

Was für eine unwahrscheinliche Geschichte: sich eine Geliebte zu nehmen, weil man Kinder will! Aber man muß sich klar werden darüber, was einem am wichtigsten ist.

Leszek Kolakowski

¹⁰ *Er lehrte aber in einer der Synagogen am Sabbat.* ¹¹ *Und siehe, da war eine Frau, die achtzehn Jahre einen Krankheitsdämon hatte, und sie war verkrümmt und nicht imstande, sich ganz aufzurichten.* ¹² *Als Jesus diese sah, rief er sie herbei und sprach zu ihr: Weib, du bist von deiner Krankheit erlöst!* ¹³ *Und er legte ihr die Hände auf, und sie wurde sofort gerade und pries Gott.* ¹⁴ *Der Vorsteher der Synagoge aber, unwillig darüber, daß Jesus am Sabbat heilte, begann und sagte zum Volke: Sechs Tage gibt's, an denen man arbeiten soll; an diesen nun kommet und lasset euch heilen und nicht am Sabbattag!* ¹⁵ *Da antwortete ihm der Herr und sprach: Ihr Heuchler, bindet nicht jeder von euch am Sabbat seinen Ochsen oder seinen Esel von der Krippe los und führt ihn zur Tränke?* ¹⁶ *Diese aber, eine Tochter Abrahams, die der Satan, siehe, achtzehn Jahre lang gebunden hielt, mußte sie am Sabbattag nicht von dieser Fessel befreit werden?* ¹⁷ *Und als er dies sagte, wurden alle seine Widersacher beschämt; und alles Volk freute sich über alle die herrlichen Dinge, die durch ihn geschahen.*

Lukas 13,10–17

6.24 Wenn man den aufrechten Gang lernt

Und er lehrte in einer Synagoge am Sabbat. Und siehe, eine Frau war da, die hatte einen Geist der Krankheit achtzehn Jahre, und sie war verkrümmt und konnte sich nicht mehr aufrichten.

Erste Variation

Da aber Jesus sie sah, rief er sie zu sich und sprach zu ihr:
„Folge mir nach!"
Da antwortete sie und sprach: „Ach Herr! Was soll ich dir folgen!
Zu nichts nütze bin ich und für dich nur eine Last!"
Da sprach er: „Du irrst, Weib!
Gehst du mit uns, werden wir langsamer gehen

und weniger das übersehen, was am Rand unseres Weges liegt.
Gehst du mit uns, wirst du uns aufmerksam machen
auf Steine, Stolperdrähte und Morast auf unserm Weg.
Gehst du mit uns, so werden wir immer wieder sagen müssen,
wohin, und wir werden über unser Ziel nachdenken und seiner
sicherer werden.
Gehst du mit uns, hat einer von uns immer die Erde im Blick,
und wir werden uns nicht von ihr lösen.
Gehst du mit uns, so lernen wir immer wieder,
daß wir uns bücken müssen, um dem Menschen und Gott
ins Gesicht sehen zu können."
Da weinte die Frau und folgte ihm nach . . .

Zweite Variation

Und er lehrte in einer Synagoge am Sabbat. Und siehe, eine Frau war da, die hatte einen Geist der Krankheit achtzehn Jahre, und sie war verkrümmt und konnte sich nicht mehr aufrichten.
Da aber Jesus sie sah, rief er sie zu sich und sprach zu ihr: "Weib, sei los von deiner Krankheit!" Und legte die Hände auf sie; und alsbald richtete sie sich auf und pries Gott.
Und Jesus blieb drei Tage in der Stadt, lehrte und heilte viele Krankheiten. Als sie aber aufbrachen, siehe, da sahen sie aus einem Haus eine Frau kommen, die war verkrümmt. Und er blieb stehen, rief sie zu sich und sprach: "Weib, habe ich dich nicht vor drei Tagen geheilt von deiner Krankheit?"
Möglichkeit A: *Da antwortete die Frau und sprach: "Ja, Herr, aber ich bin gewohnt, so zu gehen."*
Möglichkeit B: *Da weinte die Frau und sprach: "Ja, Herr, aber mein Mann, die Nachbarn, alle Leute hier sind es gewohnt, daß ich so gehe."*
(Da wandte sich Jesus ab und sagte zu seinen Jüngern: "Amen, Amen, ich sage euch: der größte Feind Gottes und des Menschen ist die Gewohnheit!")

Dritte Variation

"Frauen sind wie Kaviar – nutzlos und wunderbar." "Weisheit des Monats März" in der Zeitschrift "Gut Speisen und Reisen" des "Wienerwald"-Brathendlkonzerns.

Und er lehrte in einer Synagoge am Sabbat. Und siehe, eine Frau war da, die hatte einen Geist der Krankheit achtzehn Jahre, und sie war verkrümmt und konnte sich nicht mehr aufrichten.

Da aber Jesus sie sah, rief er sie zu sich und sprach zu ihr: „Weib, sei los von deiner Krankheit!" Und legte die Hände auf sie; und alsbald richtete sie sich auf und pries Gott.

Und Jesus blieb noch einen Tag in der Stadt und lehrte sie. Dann rief er den Synagogenvorsteher und fragte: „Gibt es in eurer Stadt keine Frauen außer dieser einen, die ich heilte? Siehe, ich bin nun einen ganzen Tag bei euch und habe noch keine andere Frau gesehen als diese eine!" Der Synagogenvorsteher schwieg still. Aber als Jesus ihn hart bedrängte, sagte er: „Ihre Männer und ihre Väter haben sie verborgen vor dir." Und Jesus fragte: „Warum tun sie dies?" Da antwortete der Synagogenvorsteher: „Das fragst du, Rabbi? Damit sie nicht unbrauchbar werden wie diese eine!"

Eine Fortsetzung

„Als bestes Tragtier des Hausherrn gilt vielerorts immer noch eine starke Frau."
„Der Spiegel" in einem Bericht über Afrika.

Lk 13,17b: „Und alles Volk freute sich über alle herrlichen Taten, die von ihm geschahen.

Freute sich? Alle??

Sie ging nach Hause. Sie ging langsam, denn sie verlor immer wieder ihr Gleichgewicht und mußte sich an den Wänden der Häuser abstützen. „Ist sie betrunken?" fragte eine Frau diejenigen, die mit ihr gingen. „Nein", sagten diese, „Rahel hat nur Schwierigkeiten mit dem aufrechten Gang. Achtzehn Jahre . . . das ist eine lange Zeit. Da muß man sich eben erst umgewöhnen."

„Warum gehst du dann nicht erst einmal so wie immer?" fragte die Frau sie, „dann gehst du sicher. Und schneller vorwärts kommst du auch!"

„Aber ich bin doch geheilt!" rief Rahel, „verstehst du nicht? Ich bin geheilt, geheilt!" „Ja, ja – das seh' ich ju", murmelte die Frau und verschwand wieder im Haus.

Als die geheilte Rahel am Haus angekommen war, empfing sie ihre Schwiegermutter. „Gesegnet bist du Rahel!" sagte sie und „Der Herr hat Großes an dir getan!" Rahel war verwirrt. Sie hörte die freundlichen Worte, doch hatte sie ihrer Schwiegermutter in die Augen gesehen, und was sie da sah, paßte nicht zu den Worten.

„Bisher habe ich mich immer auf die Worte verlassen", dachte sie, „ihre Augen habe ich nie gesehen."

„Das Essen ist fertig", sagte die Schwiegermutter. Rahel sah, wie ihr Mann sich schweigend neben Judith setzte, die Schwiegermutter setzte sich gegenüber. Als Rahel sich neben sie setzte, suchte sie ihren Teller.

„Ach, entschuldige", rief die Schwiegermutter, „ich hab' ihn ganz in Gedanken wie immer auf die Erde gestellt. Du hast ja nie . . . achtzehn Jahre, das ist eine lange Zeit!" Sie holte den Teller. Schweigend wurde gegessen.

„Ich bin müde, und mir ist schwindelig", seufzte Rahel.

„Dann leg dich ein wenig hin!" Ihr Mann sprach sie zum erstenmal an. Sie stand auf und ging zu ihrem Zimmer. Mit dem Kopf stieß sie an den Türbalken.

„Das wird dir noch öfter passieren", rief Judith, „du mußt dich eben erst umgewöhnen!"

Tief gebeugt ging sie zu ihrem Bett, warf sich auf die Kissen und weinte. Dann drehte sie sich um und ließ ihre Hände unruhig die Zimmerdecke entlangwandern. Sie stand auf, ging tief gebückt zur Tür.

Im Wohnraum richtete sie sich erleichtert auf. Die andern saßen noch am Tisch.

„Es geht nicht mehr so!" sagte sie, „ich kann nicht mehr in diesem Ziegenstall schlafen. Mir kommt förmlich die Decke auf den Kopf!"

„Wie stellst du dir das vor?" fragte ihr Mann, „wir haben kein anderes Zimmer für dich. Es hat gereicht, achtzehn Jahre lang. Und jetzt auf einmal . . ."

„Jetzt will ich ein anderes Zimmer. Die achtzehn Jahre sind vorbei. Ich bin gesund. Sieh mich doch an!" Und etwas ruhiger sagte sie: „Ich will Judiths Bett!"

Ihr Mann sah sie verständnislos an.

Ruhig sagte sie: „Sie kann gehen. Du brauchst Judith nicht mehr. Damals, vor siebzehn Jahren, da hatte ich keine Hoffnung mehr. Da hab' ich ja gesagt, als du mich fragtest, ob Judith nicht . . . Doch jetzt bin ich wieder gesund. Und ich bin deine Frau!"

„Laß uns nichts überstürzen!" bat er, „wir brauchen Zeit, müssen uns alle dran gewöhnen. *Wir können doch nicht einfach nach siebzehn Jahren . . ."* Hilflos ließ er den Satz in der Luft hängen und meinte dann: *„Und außerdem, wer weiß denn jetzt schon, ob das anhält, deine Heilung, meine ich."*

Sie lief hinaus.

In der Nacht schlief sie nicht. Sie hörte ihren Mann und Judith murmeln, lange Zeit. Was sie sagten, verstand sie nicht.

Am nächsten Tag war Markt.

„Du trägst die zwei Schläuche mit Milch und Judith die Oliven, wie immer", sagte ihr Mann.

Sie stand starr. Zum erstenmal sah sie die Lasten, spürte sie nicht nur auf dem Rücken. Sie sah, wie ungleich sie waren, sah, daß ihr Mann nichts trug. „Nein." Mehr sagte sie nicht, und dann ging sie.

Am Dorfrand holte sie ihre Schwiegermutter ein. „Das kannst du nicht machen. Rahel, du kannst nicht so einfach weggehen. Wo willst du denn hin?"

„Ich weiß noch nicht", sagte sie.

„Siehst du!" triumphierte die Schwiegermutter, *„und vor allem: wovon willst du leben?"*

„Vom Brautpreis, den dein Sohn mir zurückzahlen muß", erwiderte sie.

„Erst einmal", setzte sie zögernd hinzu.

Die Schwiegermutter schrie: „Du ruinierst uns alle!" „Nein", sagte sie leise, *„ich mich nicht, nicht mehr."*

Allein ging sie weiter, den kleinen Hügel hinauf. Sie kannte den Weg ins Nachbardorf genau. Als ihre Eltern noch lebten, war sie ihn oft gegangen, weinend hin und weinend zurück. Auf dem Hügel blieb sie einen Augenblick lang stehen. Sie hatte vergessen, wie weit man von dort sehen konnte. Dann ging sie weiter.

Helmut Siegel

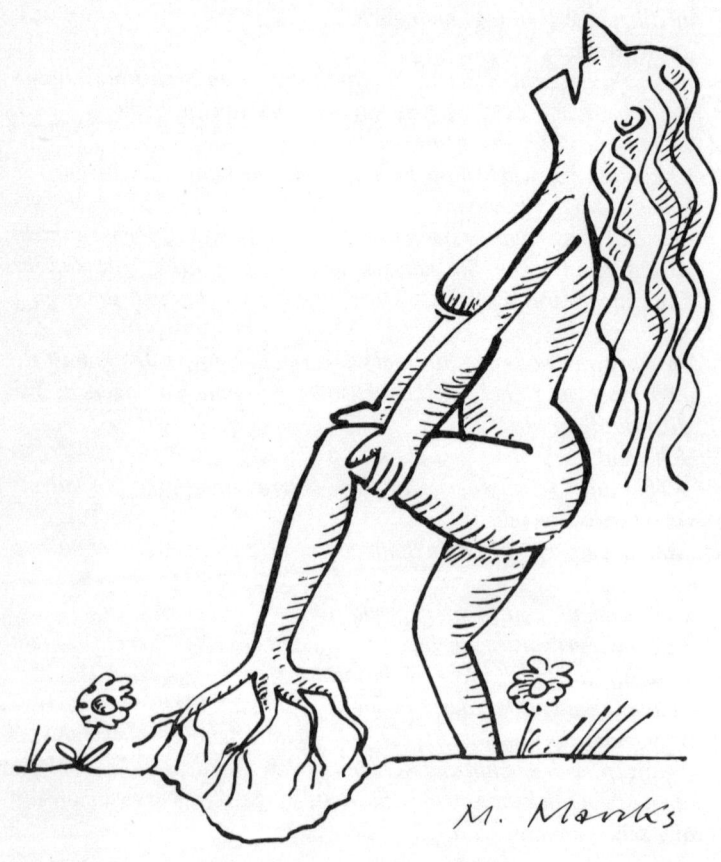

Zeichnung: Marie Marcks, Heidelberg

6.26 Die Gebeugte

Die Gebeugte hielt ihren Körper vornüber,
stemmte ihn auf einen Stock,
ihr Blick ging auf das Stück Boden vor ihr.
Wollte sie einen Menschen ansehen, mußte sie sich mühsam aufrich-
    ten,
gewöhnlich sah sie von den Leuten nur die Füße.
Sie sah aber etwas, was andere nicht wahrnahmen:
Sie sah die Spuren, die die Menschen hinterließen.
Was sonst höchstens für einen Jäger oder Detektiv noch interessant
    war,
das wurde ihr ganzes Weltbild:
die Spuren, die im Sand, im Staub der Straße eingeschrieben waren.
Sie lernte zu unterscheiden,
sah, wenn die Füße nachgezogen wurden,
wenn die Schritte raumgreifend gesetzt waren
oder schüchtern einhertrippelten.
Sie wußte gleich aus der Spur, wie es um den Menschen stand.
Sie sah auch die Umwege, die gemacht wurden,
daß Spuren nach links und rechts auswichen, Bögen schlugen.
Einmal fand sie eine Spur, die anders war als alle übrigen.
Die machte nie einen Bogen.
Sie ging immer geradeaus.
Das verwunderte sie sehr.
Sie ging der Spur nach, tagelang, wochenlang.
Die Spur war unverkennbar, sie konnte sie herauslesen aus allen
    andern Schritten.
Wie ein Jäger folgte sie ihr,
las die Fährte, und als sie ihn gefunden hatte, richtete sie sich auf.
Diese Gestalt wollte sie sehen, auch wenn sie ihren kranken,
    gebeugten Rücken kaum aufzurichten vermochte.
Mit einer letzten Anstrengung streckte sie sich,
und als sie gerade stand, da wußte sie: Sie war geheilt.

Josef Osterwalder

¹ Und als der Sabbat vorüber war, kauften Maria aus Magdala und die Maria des Jakobus und Salome Balsam, um hinzugehen und ihn zu salben. ² Und sehr früh am ersten Tag der Woche kamen sie zur Gruft, als die Sonne aufgegangen war. ³ Und sie sagten zueinander: Wer wird uns den Stein von der Türe der Gruft wegwälzen? ⁴ Und wie sie aufblickten, sahen sie, daß der Stein fortgewälzt war. Er war nämlich sehr groß. ⁵ Und sie gingen in die Gruft hinein und sahen einen Jüngling zur Rechten sitzen, bekleidet mit einem langen weißen Gewand; und sie erschraken. ⁶ Er aber sagte zu ihnen: Erschrekket nicht! Ihr sucht Jesus von Nazareth, den Gekreuzigten; er ist auferweckt worden, er ist nicht hier; siehe da den Ort, wo sie ihn hingelegt haben. ⁷ Aber gehet hin, saget seinen Jüngern und dem Petrus: Er geht euch voran nach Galiläa; dort werdet ihr ihn sehen, wie er euch gesagt hat. ⁸ Und sie gingen hinaus und flohen von der Gruft, denn Zittern und Entsetzen hatte sie ergriffen. Und sie sagten niemandem etwas, denn sie fürchteten sich.

Markus 16,1–8

6.27 osterlicht

heller
leuchtet
aus gott
der in frauen
für frieden
jetzt aufsteht:
DIE FRAU

Kurt Marti

Otto Pankok, Die Frauen am Kreuz (1933)

6.29 als alle schon weg sind

noch einmal maria
die aus magdala
aus betanien wer weiß
aus der eindollarstraße von choluteca
die bei ihm aushielt bis unter das kreuz
sie paßt genau auf
wo sie ihn hinlegen
und als alle schon weg sind
sitzt sie noch am grabe und weint ein bißchen
liebt ihn ja
danach kauft sie in der stadt
kräuter und balsam
ein paar blumen
aus einem garten in choluteca

in aller frühe dann
rennt sie hinaus
beim ersten aufleuchten des morgens
als eben die sonne aufgeht

sie steht am leeren grab und weint
gestohlen
sie kniet ausgebrannt und verzweifelt vor dem nichts
sie haben ihn gestohlen
sie rennt schreiend zurück zu den freunden
sie haben jesus gestohlen
jesus
sie fragt den gärtner
ob er ihn woanders hingelegt hat
und erkennt den gärtner daran
wie er ihren namen ausspricht
maria
die sagt nur ein einziges wort
sagt rabbuni

den traurigen
den angsthasen
den zweiflern
den spöttern
schreit sie die ohren voll
lachend und außer sich

ich habe ihn gesehen

das strichmädchen
die straßenhure
das freudenmädchen

ich habe ihn gesehen

aber sie glauben ihr nicht
sie halten das alles für dummes geschwätz
und zwei verdrücken sich gerade nach emmaus
nach tegucigalpa
nach werweißwohin

Kurtmartin Magiera

¹Dann wird das Reich der Himmel zehn Jungfrauen gleich sein, die ihre Lampen nahmen und dem Bräutigam entgegengingen. ²Fünf aber von ihnen waren töricht, und fünf waren klug. ³Die törichten nämlich nahmen ihre Lampen und nahmen kein Öl mit sich. ⁴Die klugen dagegen nahmen außer ihren Lampen Öl in ihren Gefäßen mit. ⁵Doch als der Bräutigam ausblieb, wurden sie alle schläfrig und schliefen ein. ⁶Mitten in der Nacht aber erscholl ein Geschrei: Siehe, der Bräutigam! Gehet hinaus, ihm entgegen! ⁷Da erwachten alle jene Jungfrauen und rüsteten ihre Lampen. ⁸Die törichten aber sagten zu den klugen: Gebet uns von eurem Öl, denn unsre Lampen verlöschen! ⁹Da antworteten die klugen: Es möchte für uns und für euch nicht reichen; gehet vielmehr zu den Krämern und kaufet euch! ¹⁰Während sie aber hingingen, um zu kaufen, kam der Bräutigam; und die, welche bereit waren, gingen mit ihm hinein zur Hochzeit, und die Türe wurde verschlossen. ¹¹Später kamen dann auch die übrigen Jungfrauen und sagten: Herr, Herr, öffne uns! ¹²Er aber antwortete und sprach: Wahrlich, ich sage euch: Ich kenne euch nicht. ¹³Darum wachet! Denn ihr wißt weder den Tag noch die Stunde.

Matthäus 25,1–13

6.30

Am nächsten Abend kam wieder so eine Geschichte, die uns bitter schmeckte, uns allen dieses Mal.

Es sollte einmal eine Hochzeit sein, alles war bereit, nur der Bräutigam fehlte. Es wurde Abend, es wurde Nacht, die Gäste wurden unruhig, die Braut begann zu fürchten, er komme nicht oder er habe den Weg verfehlt. Da rief sie zehn Mädchen, ließ sie ihre Öllämpchen auffüllen und sich längs des Weges aufstellen. Da standen sie und warteten Stunde um Stunde. Sie wurden müde und schliefen ein. Um Mitternacht hörten sie den Ruf: Der Bräutigam kommt. Aber sie saßen im

Dunkeln, die Lämpchen waren ausgebrannt. Fünf der Mädchen hatten einen Ölvorrat mitgebracht, sie füllten ihre Lämpchen. Die andern mußten erst ins Dorf laufen, um Öl zu holen. Inzwischen aber kam der Bräutigam und nahm die Mädchen, deren Lampen brannten, mit in den Saal und schloß die Türen. Als die andern fünf kamen, ließ niemand sie ein, soviel sie auch schrien und pochten.

Was für eine schreckliche Geschichte, rief ich. Was für ein Bräutigam ist das, der so lange auf sich warten läßt? Das Öl geht zuende, das Essen wird kalt, die Gäste werden mißtrauisch, die Braut vergeht vor Sorge, und niemand weiß, ob dieser Bräutigam kommt und ob es ihn überhaupt gibt und ob die Brautwerber wirklich seine Boten waren und ob die Hochzeit je stattfinden wird. Und wer weiß, ob der, der dann endlich kommt, wirklich der Bräutigam ist. Vielleicht wartet die Braut noch immer. Und die Sache mit den Ausgeschlossenen. Sie stehen draußen, ein wenig zu spät gekommen, und man läßt sie pochen und rufen, obwohl ihr Lämpchen wieder brennt. Was für ein harter Mann, dieser Bräutigam. Rabbi, deine Geschichte ist eine böse. Wie paßt sie zu dir? Würdest du denn, gesetzt, du wärst der Bräutigam, würdest du denn nicht die Türen alle offenhalten? Könntest du fröhlich Hochzeit feiern, wenn es Ausgeschlossene gäbe? Hättest du nicht vielmehr jene Mädchen tadeln sollen, die ihren Vorrat nicht teilten? Höre, Rabbi: ich werde mein Öl teilen, und ich werde die Ausgeschlossenen mit in den Saal nehmen, oder aber ich bleibe mit ihnen draußen.

Jeschua sagte: Recht hast du.

Wie kannst du sagen, Rabbi, ich habe recht, wenn deine Geschichte anders läuft? Oder aber du verschweigst das eigentliche Ende, und ihr Ende ist gar nicht ihr Ende, und das Ende kennt niemand, weil niemand den Bräutigam kennt. Die Braut wartet noch immer.

Ja, sie wartet, sie wartet immer, und ihr Warten ist ihre Hochzeit.

Luise Rinser

6.31 Zehn Mädchen – Entwirrungsversuche

Da saßen die dummen Jungfrauen, saßen vor der verschlossenen Tür – sie achteten nicht auf ihre langen weißen Kleider und den Blumenkranz im Haar, setzten sich auf den Boden, starrten ins Licht ihrer Kerzen, unfähig, ihr mißliches Geschick zu begreifen.

Was war nur schuld daran, daß sie die Gelegenheit ihres Lebens verspielt hatten? Die erste sagte: Schuld sind die Frauen – die haben keine Solidarität untereinander. Wenn es darum geht, einem Mann zu gefallen, dann geben sie einander kein Öl. Hätten wir zusammengehalten, der Bräutigam hätte uns mitnehmen müssen.

Nein, sagte die zweite: Schuld ist die Erziehung. Die hat bei uns den Perfektionskomplex gezüchtet. Das wäre ja auch ohne Lampe gegangen, aber man hatte uns eingebläut, daß eine Ehrenjungfer unbedingt ihre Lampe haben müsse.

Und die dritte sagte: Schuld ist der Gauner von Händler. Der hat gemerkt, daß wir in Not waren, und hat den Ölpreis schamlos hinaufgesetzt. Hätten wir uns nicht um den Preis streiten müssen, wir wären schon längst wieder zurückgewesen.

Schuld, sagte die vierte, ist der Bräutigam, der hätte doch sehen müssen, daß er noch gar nicht die rechten Jungfrauen bei sich hatte, der nahm vorlieb mit diesen Musterschülerinnen.

Die fünfte sagte: Schuld seid ihr. Mir hätte es nichts ausgemacht zu warten, aber ihr hattet die blöde Idee, zum Händler zu laufen. Das nun ließen die andern nicht auf sich sitzen. Sie fuhren ihr und einander gegenseitig in die Haare und begannen sich fürchterlich zu raufen.

Inzwischen waren aber auch dem Bräutigam Bedenken gekommen. Er merkte, daß er vorhin doch ein bißchen zu streng gewesen war. Und er schickte den Diener, die fünf späten Jungfrauen zu suchen und hereinzubitten. Der öffnete das Tor, aber da sah er keine Ehrenjungfrauen mehr, sondern einen wilden Knäuel von keifenden Weibern, die auf einem Haufen lagen, wie Schlangen ineinander verschlungen, beißend und kratzend.

Da erfaßte den Diener ein Schauder, und er schloß rasch wieder das Tor, weil ihm angst und bange geworden war. Und er sagte zu dem Herrn: Draußen herrscht Heulen und Zähneknirschen.

Das kurze Zwischenspiel war aber auch den Jungfrauen im Saal nicht verborgen geblieben. Als sie merkten, daß ihre Kolleginnen doch noch herein sollten, legten auch sie los: Mit solchen liederlichen Weibern wollten sie nichts zu tun haben. Sie keiften ganz fürchterlich, und nicht lange, da lagen auch sie sich in den Haaren.

Der Bräutigam verstand nicht mehr, was er angerichtet hatte, er merkte nur, daß er etwas falsch gemacht hatte. Er dachte, es wird jedenfalls besser sein, wenn ich nun das Tor öffne. Da brachen die drinnen den Kampf ab und begannen zu weinen. Und es kamen die von draußen, still gebeugt und zückten ebenfalls ihre Taschentücher. Das Weinen war allgemein und kaum zu stillen, denn der Bräutigam verstand es gut, sich jeder Jungfrau zuzugesellen und ihr Trost zuzusprechen. Endlich hatte die erste sich ausgeweint und mit einigen Seufzern ihr Taschentuch versorgt, die zweite schloß sich an. Wieder setzte die Musik ein. Und als sich alle kurz zurückgezogen und zurechtgemacht hatten, konnte das Fest in großer Fröhlichkeit gefeiert werden.

Josef Osterwalder

³⁸Es begab sich aber, als sie weiterzogen, da ging er in ein Dorf; und eine Frau mit Namen Martha nahm ihn in ihr Haus auf. ³⁹Und diese hatte eine Schwester namens Maria, die setzte sich zu den Füßen des Herrn und hörte seiner Rede zu. ⁴⁰Martha dagegen machte sich viel zu schaffen mit der Bedienung. Sie trat aber hinzu und sagte: Herr, achtest du nicht darauf, daß meine Schwester die Bedienung mir allein überlassen hat? Sage ihr nun, daß sie mir helfen soll! ⁴¹Doch der Herr antwortete und sprach zu ihr: Martha, Martha, du machst dir Sorge und Unruhe um viele Dinge. ⁴²Weniges aber ist not; Maria nämlich hat das gute Teil erwählt, und das soll nicht von ihr genommen werden.

Lukas 10,38–42

6.32 Als Gesprächspartner kann ich ihm weiter nichts bieten

. . .

Marta wandte sich an Jesus und sagte: „Kümmert es dich nicht, daß meine Schwester mich die ganze Arbeit allein tun läßt? Sag ihr doch, daß sie mir helfen soll!" – „Nein, Marta", gab Jesus ihr zurück, „das kann ich nicht einsehen. Ich bin nicht zu euch gekommen, damit ihr beide die ganze Zeit in der Küche verbringt. Es reicht mir schon, daß du ständig mit der Vorbereitung des Essens beschäftigt bist und soviel Unruhe ins Haus bringst. Ich habe außerdem gar keinen Hunger. Laß das Essen doch einfach stehen und setz dich zu uns!"
Marta schluckte. Aber sie gehorchte, nahm sich einen Stuhl und setzte sich. Während das beinahe fertige Festessen allmählich kalt wurde, versuchte sie sich auf das Gespräch zwischen Jesus und ihrer Schwester einzustellen. Aber es gelang ihr nicht. Ihr wollte nicht klarwerden, worum es den beiden eigentlich ging. Sie sprachen miteinander über das, was zum Leben nötig sei, und dabei mußte sie, Marta, immer ans Essen denken und merkte zugleich, daß die anderen etwas ganz anderes meinten, was sie nicht verstand. Sie

begann sich Vorwürfe zu machen, weil sie sich auf den Vorschlag Jesu eingelassen hatte. Mein Platz ist in der Küche, dachte sie, da gehöre ich hin. Als Gesprächspartner kann ich ihm nichts bieten, da ist er mit Maria besser bedient. Aber ich hätte ihn verwöhnen können mit einem guten Essen. Warum hat er mir die Freude so verderben müssen?! Er hätte doch wenigstens so tun können, als genieße er es, daß ich so um ihn bemüht bin. – Sie wurde unruhig und war schließlich gänzlich unfähig, sich in das Gespräch hineinzuversetzen. Sie stand auf und ging traurig hinaus. Die beiden anderen schienen es nicht einmal zu bemerken.

. . .

Ungefähr ein Jahr nach dem ersten, nicht recht geglückten Treffen kam Jesus wieder durch das Dorf, in dem die beiden Schwestern lebten. Sie hatten schon erfahren, daß er in der Nähe sei, und rechneten mit seinem Besuch. Marta, um es genauer zu sagen, hatte sich schon dieses ganze Jahr hindurch innerlich auf ein zweites Treffen mit Jesus vorbereitet. Sie hatte sich damit abgefunden, daß er von gutem Essen nichts zu halten schien, und damit wollte sie ihn diesmal nicht wieder belästigen. Sie wollte ihm gerecht werden und seinen Ansprüchen, so wie sie sie verstanden hatte, Genüge tun – das hatte sie sich seit langem vorgenommen. Darum hatte sie angefangen, sich mit Dingen zu beschäftigen, die immer als Männersache gegolten hatten. Schließlich hatte ihre Schwester das ja auch getan, und ihr war es gelungen, nicht nur als Hausfrau Bestätigung zu bekommen, sondern auch und gerade als Diskussionspartnerin. Wenn Jesus, der in Sachen des Glaubens überaus Bewanderte, der überraschungsreich Erzählende, der scharfe Denker, wenn dieser Jesus in Maria ein verständiges Gegenüber gefunden hatte, so sollte er es dieses Mal auch in ihr finden. Sie hatte gelesen und gelernt, hatte sich, wo es nur ging, mit anderen unterhalten, die Bescheid zu wissen schienen; sie hatte lange nachgedacht und sich bemüht, „über dem Gesetz des Herrn zu sinnen bei Tag und Nacht", wie es in einem der alten Psalmen hieß. Sie fühlte sich halbwegs vorbereitet auf ein Gespräch mit ihm, so sehr sie sich auch davor ängstigte. Als sie hörte, daß Jesus kommen werde, bereitete sie rasch einen Teller mit belegten Broten vor, um mit Küchenarbeit nicht mehr beschäftigt sein zu müssen, wenn er da war.

Aber dann kam es ganz anders, als sie es sich vorgestellt hatte. Denn Jesus rechnete gar nicht mit ihr als Gesprächspartner, so kam es ihr

jedenfalls vor. Vielleicht lag es auch nur daran, daß sie so ange-
spannt und verkrampft war. Zumindest gelang es ihr nicht, sich so
am Gespräch zu beteiligen, wie sie es vorgehabt hatte. Schon waren
Maria und der Gast mitten im angeregten Gespräch, und Marta hatte
noch kaum mehr als ein paar halbe Sätze einwerfen können, auf die
die beiden kaum eingingen (und wenn sie es taten, dann aus purer
Höflichkeit). Marta war bitter enttäuscht. Hatte sie denn noch immer
nicht genug gelernt? Konnte man sie denn noch immer nicht ernst
nehmen, obwohl sie sich doch so heftig bemüht hatte, den Stand des
Wissens und des Denkens zu erreichen, den Jesus zu fordern schien?
Bald gab sie es auf, noch etwas ins Gespräch einzuwerfen. Sie verlor
sich in ihren trüben Gedanken, wurde müde und verzweifelt, sehnte
sich zurück nach jenen Zeiten, in denen sie unbefangen und halbwegs zufrieden am Herd gestanden und den Gästen etwas Gutes
zubereitet hatte. Dafür jedenfalls war sie oft gelobt worden. Jetzt
hatte sie auch das verloren. Sie war mit leeren Händen zurückgeblie-
ben, nachdem man ihr alles genommen hatte.

. . .

Nach dem zweiten Besuch Jesu in ihrem Hause beschäftigte Marta
sich nur noch selten mit den Heiligen Schriften und ihrer Auslegung.
Sie begann, über sich selbst nachzudenken. Früher wäre ihr das nie
in den Sinn gekommen. Sie hatte es für überflüssig und sogar für
schädlich gehalten, weil sie sich nie besonders wichtig genommen
hatte. Das war anders geworden, seitdem sie sich selbst zur Last
geworden war, und empfand, sie sei zu nichts zu gebrauchen.
Plötzlich wurde ihr bewußt, daß es keinen Menschen gab, der sie um
ihrer selbst willen liebte, umsonst und ohne Gegenleistung. Sie hatte
das Gefühl, sie hätte immer etwas dafür tun müssen, daß sie
jemandem etwas bedeutet. Ihrer Schwester mochte es ähnlich gehen, aber bei ihr fiel es nicht auf: Maria schaffte es mühelos und
leichthin, sich die Zuneigung der anderen zu erobern. Immer schon,
so dachte Marta jetzt, hatte sie im Schatten dieser Schwester
gestanden. Plötzlich kam sie sich ausgenutzt vor. Aber sie sah auch
ein, daß sie daran nicht unschuldig war: Sie hatte sich im Laufe der
Zeit immer stärker in diese Rolle drängen lassen, ohne sich jemals
gegen sie zu wehren. Sie hatte sich abhängig machen lassen von
dem, was sie für andere tat. Es war so gekommen, daß sie sich
wertlos vorkam, wenn sie für niemanden sorgen konnte. Ihr Selbst-
bewußtsein hatte sie abgetreten an andere Menschen, die es ihr in

kleinen Stücken wiedergaben, wenn sie sich von ihr verwöhnen ließen, und die es wieder mitnahmen in dem Augenblick, da sie das Haus verließen.

Als Jesus Jahre später wiederum zu den beiden Schwestern kam, erzählte sie ihm, daß sie über sich nachgedacht habe und was sie dabei herausgefunden hätte. Sie erzählte ihm auch von ihren kleinen und ängstlichen Versuchen, sich aus der Rolle zu befreien, die sie so lange ausgefüllt hatte. Sie sah nicht sehr mutig aus. Auch wußte sie zuerst nicht, ob es ihn überhaupt interessieren würde, was sie ihm mitteilen wollte. Er aber hörte ihr lange zu. Es kam ihr so vor, als hätte ihr noch nie jemand so genau und so aufmerksam zugehört. Sie lernte ihn in diesem Gespräch ganz anders kennen. Er kam ihr nun nicht mehr wie ein in Sachen des Glaubens überaus Bewanderter, wie ein überraschungsreich Erzählender und wie ein scharfer Denker vor. Sie fühlte sich verstanden von ihm, angenommen und geliebt. Seine Art, zuzuhören und auf sie einzugehen, machte ihr Mut. Sie wurde freier. Was er schließlich sagte, war nicht viel. Er sprach davon, daß der Gott, dem er glaube, diejenigen am meisten liebe, die mit sich selbst arm dran sind. Und er sagte einen Satz, den sie nicht mehr vergaß: Wer sein Leben festhalten will, der wird es verlieren; und wer es aufs Spiel setzt, der wird es neu gewinnen. Mit diesem Satz lebte sie fortan. Er leuchtete ihr ein, und sie vertraute ihm. Anderes wurde an diesem Tag nicht gesprochen – nichts, das sie nicht hätte verstehen können. Er war der erste, der sie nicht daran maß, was sie konnte und wußte und zustandebrachte, sondern der sie annahm um ihrer selbst willen, umsonst und ohne Gegenleistung.

Klaus Eulenberger

Karl Schmidt-Rottluff: Christus bei Maria und Martha (1919)

6.34

I
Sie sind
ausgestiegen
aus
der Leistungs-
gesellschaft
sie
wollen nichts mehr
leisten
für die
Leistungsgesellschaft
sie lächeln
über unsere
Leistungen
aber
sie leisten sich
das Kostbarste:
ihr Leben
ihr eigenes Leben

Ach Maria
ich
habe nie
mein eigenes Leben
leben können
immer
bin ich
gejagt worden
von hundert
von tausend
Pflichten
ich hatte
kaum Zeit
Ihm

richtig zuzuhören
Martha
Du
hast mich
immer gedrängt
Dir
zu helfen
von früh
bis spät
17 Stunden am Tag

Ja
Du hast viel
geleistet
Du kannst stolz
darauf sein
Du hast
ein großes Haus
geführt
aber
Er hat gesagt:
Maria
hat das bessere
Teil erwählt

II
Sie packen
ihre Freude in
den Rucksack
und
den Schlafsack dazu
die Angst
lassen sie daheim
und nisten sich

an fernen Stränden
ein
wo der Wind weht
über einsame Inseln
hören zu
wie Du
Maria

Ach Martha
laß mich
in Ruhe
ich möchte
träumen
von
den sonnigen
Inseln
und grünen
Bergen
so wie ich
als Kind
geträumt habe
Er hat doch gesagt:
wenn ihr nicht werdet
wie die Kinder

III
Ich
habe alles
für Ihn getan
es hieß
ein Christ ist
immer im Dienst
keine Zeit
zum Spielen
Tanzen
Träumen

im Geringsten treu
fleißig
pünktlich
zuverlässig
ora et labora
die Kinder
halten nichts
davon
sie feiern Feste
schlafen
träumen und pfeifen
auf Leistung

Da habe ich
mir auch einen Traum
einen uralten
vom Baum
der Erkenntnis
gepflückt:
sammelt
die Schwerter ein
laßt sie erkalten.

IV
Ja, Martha
wir Deutsche
aus Preußen
und anderswoher
waren immer
fleißig
wir haben
2 Weltkriege
aufgebaut
das
Wirtschaftswunder
und Auschwitz

V

Unsere Kinder
sollen es
besser
haben
sie dürfen
schon als Baby
lesen lernen
und schwimmen
damit sie
immer oben
schwimmen
über
den anderen
hast Du
auch Kinder
gehabt
Martha?

VI

Wir
Christen
haben uns
die Erde
untertan gemacht
und
die Menschen
die Neger
zu Sklaven
die Indianer
ausgerottet
bei den Chinesen
den Boxeraufstand
inszeniert
die Juden
vergast

Ach Maria
wir
haben uns
viel zu schaffen
gemacht
wir
hätten lieber
auf Ihn
hören sollen
wie Du
es war
viel unnötig

VII

Und nun
hämmern
sie weiter
und bauen
rastlos
an dem Turm
zu Babel
und setzen
vor jede Stadt
giftige Türme
damit
das Licht
nicht verlösche

Laß uns lieber
Gärten bauen
Windmühlen
und Wasserräder
und Ihm lauschen
wie Du
Maria
                Charlotte Schmitthenner

6.35 Das Glaubensbekenntnis einer Frau

Ich glaube an Gott,
der Frau und Mann nach seinem eigenen Bilde schuf,
der die Welt schuf
und beiden Geschlechtern
Herrschaft über die Erde gab.

Ich glaube an Jesus,
Gottes Kind,
auserwählt von Gott,
geboren von einer Frau Maria.
Der Frauen zuhörte und sie liebte,
der in ihren Häusern war,
der über das Reich Gottes mit ihnen sprach,
der Jüngerinnen hatte,
die ihm nachfolgten und ihn unterstützten.

Ich glaube an Jesus,
der mit einer Frau am Brunnen über Theologie sprach
und ihr zuerst anvertraute,
daß er der Messias ist,
so daß sie hinging,
und der Stadt die große Neuigkeit brachte.

Ich glaube an Jesus,
der sich salben ließ
von einer Frau in Simons Haus
der die männlichen Gäste zurechtwies,
die sich darüber empörten.

Ich glaube an Jesus,
der sagte, daß man
an diese Frau und ihre Tat denken wird . . .
ein Dienst an Jesus.

Ich glaube an Jesus,
der kühn handelte,
das Blut-Tabu der damaligen Zeit aufhob
und das mutige Weib heilte,
das ihn berührte.

Ich glaube an Jesus,
der eine Frau am Sabbath heilte,
weil sie
ein Mensch war.

Ich glaube an Jesus,
der von Gott sprach
als von einer Frau, die einen verlorenen Groschen
sucht,
als von einer Frau, die fegte,
um das Verlorene zu suchen.

Ich glaube an Jesus,
der von sich sprach als einer Glucke,
die ihre Küken
unter ihren Flügeln versammeln will.

Ich glaube an Jesus,
der zuerst Maria Magdalena erschien
und sie mit der explodierenden Botschaft aussandte:
gehe und sage es den anderen . . .

Ich glaube an die Ganzheit
des Erlösers,
in dem es weder Juden noch Griechen,
weder Sklaven noch Freie,
weder Mann noch Frau gibt.
Denn wir sind alle eins
in seiner Erlösung.

Ich glaube an den Heiligen Geist,
der sich über den Wassern der Schöpfung
und über der Erde bewegt.

Ich glaube an den Heiligen Geist,
der in uns sich sehnt
und für das, was unaussprechbar ist, bittet.

Ich glaube an den Heiligen Geist,
den weiblichen Geist Gottes,
der wie eine Henne
uns geschaffen hat
uns das Leben geschenkt hat
und uns mit seinen Flügeln bedeckt.

Rachel Conrad Wahlberg

Quellennachweis

S. 16 Aus: Dies., Das dicke Kind und andere Erzählungen. Scherpe Verlag, Krefeld 1952; S. 21 Aus: Ders., roter faden glück. lichtblicke. Verlag Butzon & Bercker, Kevelaer ⁴1982, 3. 12; S. 23 © Chr. Peikert-Flaspöhler, Osnabrück; S. 24 Aus: Ders., Ein Maulbeerbaum für die Übersicht. Neukirchener Verlag, Neukirchen-Vluyn 1980, S. 78; S. 25 Aus: Ders., geduld und revolte. RADIUS-Verlag, Stuttgart 1984, S. 58; S. 25 Aus: Ders., Jesus-Texte. © 1972 by Verlags-AG Die Arche, Zürich, S. 32; S. 26 © F. Fassbind, Adliswil; S. 27 © VG Bild-Kunst, Bonn 1987; S. 28 Aus: E. Cardenal, Das Evangelium der Bauern von Solentiname. Gesamtausgabe. P. Hammer Verlag, Wuppertal (1980) ²1981, S. 379ff.; S. 29 Aus: Ders., Erstaunliche Gleichnisse. Verlag Styria, Graz, Wien, Köln 1985, S. 113f.; S. 32 © F. Fassbind; S. 32 Aus: Dies., Müttergeschichten. Burckhardthaus-Laetare Verlag, Offenbach 1986, S. 53ff.; S. 37 Aus: Ders., roter faden glück. lichtblicke, a. a. O., 5.7 (gekürzt); S. 40 Apokalyptische Madonna aus dem Altar der Krämergilde, um 1430. Wismar, Nikolaikirche; S. 43 Aus: Dies., Müttergeschichten, a. a. O., S. 45ff.; S. 49 Aus: Ders., Und Mirjam nahm die Pauke in die Hand. Verlag am Eschbach GmbH, Eschbach 1985, S. 10; S. 50 Aus: Dies., Unter dem Schleier ein Lachen. Kreuz Verlag, Stuttgart 1986, S. 103ff.; S. 55 © A. Denecke, Osnabrück; S. 59 Aus: Ders., Ich habe dein Gesicht gesehen. © Verlag Butzon & Bercker, Kevelaer 1975, S. 34f.; S. 62 Aus: Dialog mit der Bibel. Malerei und Grafik aus der DDR zu biblischen Themen. Kreuz Verlag, Stuttgart 1986, S. 115 (Lizenzausgabe Evang. Haupt-Bibelgesellschaft zu Berlin); S. 64 Aus: Ders., Religion: das Menschenleben. Verlag Butzon & Bercker, Kevelaer 1981, S. 24; S. 64 © Chr. Peikert-Flaspöhler; S. 65 Aus: Ders., Der Himmelschlüssel. R. Piper & Co. Verlag, München 1965, S. 21ff.; S. 69 © H. Siegel, Hagen b. Bremerhaven; S. 74 Aus: Weißt du, daß du schön bist. Marie Marcks informiert. Frauenbuchverlag ³1977; S. 75 Aus: Ders., Von Senf- und Samenkörnern. Matthias-Grünewald-Verlag, Mainz 1977, S. 41; S. 76 Aus: Ders., geduld und revolte, a. a. O., S. 73; S. 77 © Eva Pankok, Hünxe; S. 78 Aus: Ders., Ich habe dein Gesicht gesehen a. a. O., S. 70; S. 80 Aus: Dies., Mirjam. S. Fischer Verlag, Frankfurt ⁵1983, 87f.; S. 82 Aus: Ders., Von Senf- und Samenkörnern, a. a. O., S. 42f.; S. 84 © K. Eulenberger, Hamburg; S. 88 © 1987, Copyright by COSMOPRESS, Genf; S. 89 Aus: Dies., Sammelt die Schwerter ein. Mit neuer Stimme Frieden schaffen. Verlag am Eschbach GmbH, Eschbach 1982 (gekürzt); S. 92 © R. C. Wahlberg.